翊起運動
前進MLB全紀錄

徐裴翊帶你直擊
旅美球星、採訪幕後、春訓觀賽指南

Vamos Sports翊起運動、吳婷雯——著

陳偉殷

邁阿密馬林魚投手

堅持夢想，繼續做下去

我在大一那年就認識家梵，到現在已經 15 年了。但是她盡心盡力協助球員的個性，以及希望台灣體育能越來越好的目標，一直以來都沒有改變。甚至在整體大環境不佳的情況下，與裴翊、咪咕共同創立 Vamos Sports。

儘管資源有限，但三個女生仍舊堅持每年到美國採訪台灣球員，這對剛起步的小公司而言絕對是筆大開銷，但不管多辛苦她們總是會想盡辦法，遇到任何困難也都彼此扶持，如果 Vamos 是一支球隊，一定會是難纏的對手。

這本書將她們一路走來最真實的一面記錄了下來。像是為了前往不同地方拍攝認真的球員們必須省錢，選擇不搭飛機，改坐巴士，自己辛苦扛著行李爬上爬下，還有過開車移動長達 15 個小時，看得我也跟著她們又哭又笑。這些我在美國從沒經歷過的事，她們都做了，而且樂在其中。我很敬佩她們對體育的熱情，非常偉大。

每次看到 Vamos 來美國拍攝都很開心，我相信其他小聯盟球員的感觸一定

更深。因為這個團隊不是只採訪已經出名的選手，而是從球員最基層就開始拍攝，長期累積下來，對彼此都相當了解，無形中就不會有距離，所帶來的採訪也能讓球迷看到選手不同的一面。有些影音新聞限制之外的幕後故事，在這本書裡也完整呈現，像我私底下的小故事就被「爆料」了，其實有點害羞。

　　除了 Vamos 的故事、球員不為人知的一面，我也很喜歡春訓規劃的整理，有別於市面上其他的旅遊書，這本書集結了許多旅美球員在當地長期訓練、比賽後，愛吃的餐廳與私房景點。球迷朋友來美國若想吃得更道地，更了解球員在美國的生活，千萬不能錯過。跟著 Vamos 和球員們的腳步，一定不會踩到地雷，說不定還有機會碰到我喔！

　　最後我想對 Vamos Sports 說：感謝妳們這幾年為旅美選手所記錄下的一切，讓默默努力的球員能被外界看見。或許妳們會覺得自己做的好像只是小事，但其實這些點滴都會成為球員的寶貝，身為選手的我們會持續在場上奮戰，成為妳們的後盾。祝福 Vamos Sports 與熱愛體育的大家，都能堅持自己的夢想，繼續做下去！

陳楷

實現夢想需要多努力

　　雖然現在的網路鄉民可能不這麼認為，不過在我小的時候，做一個記者，甚至是體育記者，應該可以排上小朋友作文裡「我的志願」榜的前十名，新聞傳播也始終是文組的熱門科系，因為可以每天看球。我也非常幸運，考大學填不上新聞系，但退伍以後還是找到了一份新聞工作，一晃眼過了十五年。

　　廣播其實是相對單純的媒體，但受限於播出時間跟新聞性質的要求，往往沒有辦法沈澱一些心得。那時候常想，如果能找一個會寫一點文字，懂一點動態或平面攝影，能夠跟著球員用一年半載跑遍五湖四海，紀錄在球迷看不到的地方奮鬥努力的點點滴滴，做成電視專題甚至刻畫人生的紀錄片，應該很能激勵人心吧。只是這個小小的夢想，一直找不到政府或者機構贊助支持。

　　夢想只是幻想，一般媒體的日常工作是報導比賽而不是享受比賽。在跑過大小賽事、逐漸熟悉這個圈子不足為外人道的雞毛蒜皮，也逐漸感到無力改變大環境而覺得灰心之後，有時候會懷疑自己是不是還能像當年那個一屁股坐在台北棒球場外野售票口外一整天，墊著報紙淋著樹上掉落的松針，只為了排一張免費的學生票看龍象大戰的球迷一樣，抱持著最初的熱情來對待這份當初夢寐以求的工作。

在逐漸覺得天塌下來也沒有什麼了不起，太陽底下沒有新鮮事的時候，我突然收到一封信，一個素昧平生的大學生自告奮勇，要「跟我實習所有的體育記者工作」。老實說大部分的老記者都不太喜歡帶實習生，什麼都不會又一副滿腔熱血的樣子，自己事情都做不完還要多費唇舌跟小屁孩解釋理想跟現實的差距，不過我彷彿在婷雯身上看到一點點當年的自己。既不是新聞本科出身，也跟運動圈子一點關係都沒有，但就是想要看陳金鋒，喔不是，是看所有的棒球籃球或者任何記者得採訪的運動項目。

　　算起來我真正帶婷雯的時間其實不長，因為她很快就找到更適合發展的地方，我也看著她努力加強語文能力充實自己，從工讀生開始進入媒體界，在大學畢業以後就成為體育記者，也被派出國採訪國際賽，把很多記者十年都不見得做完的事，濃縮在兩三年裡完成。之後每次跟同學上課談到從球迷當上記者的例子，我總是會提到婷雯。

　　而她離開報社以後，協助了一個規模更小但更熱血的「Vamos Sports 翊起運動」團隊，這個團隊的成員在職場生涯的十字路口轉了一個彎，決定自己當上自己的老闆，每年春天越洋轉機在遼闊地北美大陸上飛車奔馳，把當年我的幻想逐漸變成了現實。婷雯則是這批採訪者的採訪者，紀錄這個團隊四年來海內外工作的點點滴滴，化成了文字跟圖像，做到另一件我想做而不敢做的事。如果你也有夢想，這本書會告訴你實現夢想需要多少努力。

作者序

運動員追逐夢想的故事，總是讓人充滿希望。帶著這樣的正面能量，我不斷努力朝著自己的目標前進，並在 2012 年大學畢業後，圓夢從球迷變為棒球記者。甚至不到半年的時間，就跟著 2013 年經典賽中華隊飛進東京巨蛋，那份感動至今仍舊存在心中。

在 ETtoday 新聞雲與聯合晚報任職期間，感謝公司的信任讓我有機會跑遍台灣各地球場，並在當時與咪咕結識。雖然分屬不同媒體，但我們因著「希望透過報導能讓認真的運動員被看見」的共同目標，一路陪伴、彼此協助。

2016 年我為了追尋另外一個夢想離開台灣，辭去記者身份前的遺憾是從未有過美國職棒採訪的經驗。事實上，因大環境狀況不佳，能去美國出差的記者前輩是少之又少。但就在我認為不可能的情形下，2017 年 Vamos Sports 邀請我一同前往採訪美國職棒，圓了我另一個在棒球圈的夢想。

除了感謝咪咕、家梵與裴翊肯定我過去在平面媒體的努力，將公司第一本書籍交由我來處理，以及木馬文化大力的協助之外。也想感謝所有曾給予協助的同業與信任我的球員好友們。最後特別謝謝我的家人一路在背後支持，以及夢想之家與創辦人廖文華的鼓勵。

感謝上帝這一路上我能不斷圓夢，都是因著大家的陪伴。也希望所有閱讀這本書的人，都能像 Vamos Sports 與台灣運動員們一樣，繼續勇敢做夢！

Vamos Sports 翊起運動隊友

Team Vamos

Vamos Sports 攝影總監

經歷｜緯來體育台攝影

廖明昶（總監、阿昶）

Vamos Sports 共同創辦人、新聞總監

經歷｜緯來體育台主播、三立電視台主播

徐裴翊（徐老闆、老徐）

李家梵（李老闆、梵神）

Vamos Sports 共同創辦人、公關

經歷｜中華職棒宣推部企劃組組長、義大犀牛公關

陳怡鵑（咪咕、製作人）

Vamos Sports 共同創辦人、製作人

經歷｜緯來體育台棒球週報製作人

我們都曾經被某個運動員、某場比賽、某個精彩對決深深感動過，因為這份感動幻化成力量放在心裡，成了人生很多時刻前進的力量，這就是體育運動獨有的魅力。如果，這份力量只有我們感受到，不是太可惜了嗎？因此 Vamos Sports 翅起運動成立了，希望認真的運動員都被看到、希望你也一起關注台灣體育運動、希望你一起加入運動的行列，有好多的「希望」組成了 Team Vamos 前進的動能。

　　創業至今邁入第 4 年，Vamos Sports 在 YouTube 頻道上累積超過 1500 支影片。除了年年到美國採訪之外，過去 3 年也走訪世界各地，像是 2014 年的仁川亞運以及 2017 年經典賽，在澳洲、日本與韓國都能看見團隊採訪中華隊的身影。

　　報導型式也並未侷限於新聞採訪或相關專題。2015 年開始製作以棒球為主題的「狗吠火車」，邀請專業人士共同討論棒壇大小事，造成廣大迴響。Vamos

Sports 也曾製播過以籃球遊戲為主軸的「我不是西瓜」。相關直播節目如「東吳國際超級馬拉松」、「南英商工 OB 賽」也不斷突破運動媒體在報導上的呈現型態。

　　除了棒籃球之外，Vamos Sports 對於足球、網球、跆拳道、田徑等綜合運動也相當關心。2017 年「臺北世大運」賽事期間，我們更是挑戰天天以直播的方式，為觀眾朋友帶來最即時的消息。

　　2018 年，我們跳出網路平台，推出 Vamos Sports 第一本相關書籍，與大家分享過去幾年在美國的故事。除此之外，我們也想邀請所有喜歡這本書的運動迷們，接下來能加入 Vamos Sports 的行列，一起透過我們的採訪鏡頭，認識更多努力的台灣運動員。

目錄
Contents

Part
3

PART 1

2014

偉大的航道

在遙遠的路途上找尋著志同道合的夥伴，進入「偉大的航道」。──海賊王

創業的決定並非一朝一夕，創業後更是有漫漫長路要走，所幸 Vamos 團隊就像裴翊最愛的漫畫《海賊王》所說的一樣，路途雖然遙遠，但總會有志同道合的夥伴並肩作戰，一起航向那偉大的航道。

咪咕與家梵先在 6 月 18 日出發前往美國，先後採訪了林哲瑄、江少慶、陳品學、朱立人、張育成。7 月 15 日裴翊與阿昶加入後，又陸續訪問了倪福德、亞運培訓隊、平鎮高中代表隊、亞青培訓隊、陳偉殷、蔣智賢、盧彥勳、王宇佐、詹詠然、詹皓晴、李振昌、王維中、曾仁和與王建民，一共 16 位球員與三支中華隊，耗時三個月，橫跨美國 11 州，出了 38 支採訪影片，直到 9 月 6 日才結束這次的旅程，回到台灣。

更多故事請見

1

Arizona

。

亞利桑那

3月長征

。

2014 年是 Vamos 團隊重要的起點。除了能完全按照自己的想法安排行程，希望讓大家看見的球員，不以選手的知名度為拍攝依據，也不用背負收視率的壓力。儘管起步有些辛苦、不順利，但每每以 Vamos Sports 的名義通過採訪申請，都是一個新的里程碑，手上拿著熱騰騰的採訪證，帶著興奮與感動的心情前往採訪，那份最純粹的熱情，會一直保存在大家的血液裡。

而這一切，起於 2014 年咪咕、家梵、裴翊相繼離開原本的公司，跨出的一「小」步，就選擇地表「大」遷徙，前往美國進行 3 個月的長征。這次出國原本只是單純的旅遊與探親行程，但那無法停下工作的狂熱因子告訴她們，都來到美國了，怎麼能不把旅美球員的近況傳回台灣呢？因此從原本只是要去旅遊，變成一邊玩樂、一邊採訪，雖然辛苦，卻開啟了 Vamos 之後年年赴美報導的新篇章。

此時，團隊最想探望的球員是林哲瑄。因為林哲瑄為了拚上大聯盟，放棄野手的身份改當投手，外界都相當好奇他的狀況。Ⓥ

林哲瑄
Che-Hsuan Lin

　　首站來到的是亞利桑那新人聯盟，當時林哲瑄隨遊騎兵客場出征白襪隊，Vamos 在駝背牧場球場（Camelback Ranch），記錄了林哲瑄以投手身份登板的心情轉折。

　　Vamos 與林哲瑄的緣份，最早是製作人咪咕在林哲瑄就讀南英商工時期就曾拍攝，那一年台灣青棒好手雲集，像是花蓮體中的陳俊秀、強恕中學的陳禹勳等人。2007 年，林哲瑄在高中畢業後 3 天就宣布將加盟紅襪，是同屆首位確定旅外的球員。

　　除了天賦異稟的超齡球技之外，每次團隊前往美國採訪，林哲瑄都會主動分享在國外看到的一切，透過觀察隊友，他不

新人聯盟
（Class Rookie）：
小聯盟附屬於大聯盟母隊，分為六級，程度由低至高為新人聯盟、短期 1A、1A、高階 1A、2A、3A。

斷進步。我們很快就發現，林哲瑄在心態上越來越成熟。2012 年升上大聯盟，我們也興奮慶祝，為這位從小看到大的球員開心。

　　在大聯盟上上下下的球季結束後，後來林哲瑄歷經了釋出、轉隊，2014 年來到德州遊騎兵隊。從在外野奔馳的野手，轉變為關在牛棚裡的投手，雖然他仍嚮往外野的自在，但為了最愛的棒球依舊認真訓練，盡力投出每一球。來到美國的家梵、咪咕雖然幸運見到林哲瑄傷癒復出初登板投球，但也感受到他的壓抑與不快樂。果不其然媒體人的敏銳直覺，預測了一年後林哲瑄選擇「棄投再回外野」的決定。

更多故事請見

Illinois

蔣智賢
Chih-Hsien Chiang

還有一位咪咕也很關心的球員，是林哲瑄的前隊友蔣智賢。Vamos 成員同樣在他青棒時期就採訪過這位強打少年，雖然蔣智賢當時只是高中生，但面對媒體總能清楚分享自己的想法，讓咪咕印象深刻。

蔣智賢於 2006 年加盟波士頓紅襪，開啟旅外生涯，並與林哲瑄在 2007 年至 2011 年期間同為紅襪隊友，兩人一起打拚、互相幫忙。之後，蔣智賢陸續轉戰西雅圖水手、德州遊騎兵與巴爾的摩金鶯。2014 年，我們前往金鶯隊採訪蔣智賢的時候更發現，在隊上算資深的他，除了為個人的生涯奮鬥外，也很願意與後輩分享自己的經驗，稱職扮演前輩的角色。

願意傾聽與指導學弟，是因為自己曾經也是徬徨的菜鳥。蔣智賢在 2008 年入選北京奧運，但中華隊卻在預賽意外敗給中國，輸球後蔣智賢成為眾矢之的。Vamos 在 2014 年的專訪中，首度正面詢問他對於這件事的看法，原本以為這樣敏感的話題，蔣智賢會婉拒回答，但他卻侃侃而談，那年只有 20 歲的自己所面臨的衝擊，儘管已經時隔 6 年，蔣智賢卻說回憶起來仍舊會有些難過。但這也是他繼續往前進的動力，在棒球場上就是如此，失敗了仍要站起來面對下一個打席。

更多故事請見

① 蔣智賢一家人。

印地安人四少

　　相較於林哲瑄、蔣智賢的孤單，來到印地安人就熱鬧許多，這支球隊近年除了飄散濃濃「台」味之外，2014 年更有四位台灣球員，同時被分發到新人聯盟，分別是江少慶、陳品學、朱立人、張育成。被 Vamos 封為「印地安人四少」的他們，在場上有共同目標，場外也互相幫忙，被分發到新人聯盟後，除了是隊友，更一起租房成為室友，建立起特殊的革命情感。像是江少慶因為承接了前輩李振昌的食譜，與學長分開後就擔起煮飯、餵飽大家的任務；才華洋溢的朱立人則是負責彈吉他、唱歌，熱絡小屋裡的氣氛，有時哼哼流行樂或自己創作的歌曲，有時候唱唱詩歌敬拜讚美上帝，用感情豐富的聲音安慰每個異鄉遊子孤單的心靈。

　　印地安人四少雖然各自擁有不同個性，但都親切有禮，受人喜愛。球團也很喜歡這幾位台灣球員努力的態度，儘管因為各自際遇不同，每個人爬升的速度不一，但建立起的革命情感，都會是他們奮戰不懈的動力。

① 印地安人春訓基地嘉年球場（Goodyear Ballpark）

印地安四少中，右投江少慶在 2011 年季末加盟克里夫蘭印地安人，是最早到美國職棒打拚的球員，在印地安人擔任小聯盟教練的葉君璋，也曾向我們大讚江少慶與生俱來的好條件，但隔年他就因手肘傷勢進行韌帶重建手術。儘管經歷重大挫折，但江少慶態度正面積極，走過復健的漫漫長路，反而從一個害羞、話不多的大男孩，變得更加沉穩、有想法。

2017 年更因為經典賽的霸氣好投備受矚目，受封王建民第二。當時面對荷蘭隊，他中繼 4.1 局僅失 1 分。但他卻謙虛自認是運氣好、當時的身體狀況不差，才投出了一場好球，對於被外界看好是下一個升上大聯盟的台灣球員，江少慶也平靜看待，期許自己能一步一步穩穩向前走。

韌帶重建手術：學名為手肘尺骨附屬韌帶重建手術。將人體其他部位的韌帶移植到手肘韌帶的手術。1974 年，大聯盟投手湯米・約翰（Tommy John）是進行此項手術的第一人，因此又俗稱湯米・約翰手術。

更多故事請見

江少慶
Shao-Ching Chiang

Ping-Hsueh Chen

陳品學

小江少慶一屆的陳品學，則是在 2012 年球季中加盟印地安人，兩人在青棒時期都是穀保家商倚重的投手，陳品學更被視為球隊王牌。就在外界預期這位年輕強投在畢業後，有望獲得美職高薪合約之際，他在高二學期末卻因為手肘受傷，造成高三整年鮮少出賽，差點無緣旅美夢。

　　所幸最終印地安人看好陳品學的未來發展，仍與他簽下合約，並被隊醫診斷出無需開刀，單純靠復健就可以回到球場。2013 年雖然開始在春訓熱身賽登板，但好景不常，手肘骨裂問題加劇，繼學長李振昌、江少慶後，陳品學同樣無法逃過手肘動刀一途。

　　旅美前兩年幾乎都在苦悶的復健中度過，但他沒有放棄自己，一直到 2014 年終於開始在比賽中登板，球場外也因為外向的個性，加上語言天分，幫助他迅速融入美國生活，在隊上人緣相當好。陳品學也因為擁有荷蘭血統，外貌身材都神似外國球員，導致我們每次想在球隊尋找他的身影都特別困難。

　　豪爽的個性，也展現在國際賽的戰場上，陳品學在 2016 年入選 U23 世界盃棒球賽，對戰澳洲一役，因為不滿壘上跑者偷打暗號，又不斷用髒話挑釁，讓他在三振澳洲隊後，對著休息室大吼，一「戰」成名。就國家隊而言，陳品學是會為隊友出氣的人，對 Vamos 來說，陳品學則是諮詢的對象，每次造訪印地安人，想知道哪裡有好逛、好買的地方，想吃什麼類型的美食，全都能問他，絕對不會錯。

　　儘管相當適應美國生活，但陳品學似乎就是缺少了一點運氣，2017 年球季先後受傷 4 次，所幸他沒有輕言放棄，仍舊積極復健，希望用健康的身體，抓住那往上爬的機會。

更多故事請見

① 陳品學什麼都知道，是 Vamos 諮詢的夥伴
② 陳品學（左）、江少慶（右）常在一起訓練

朱立人
Li-Jen Chu

　　繼江少慶、陳品學兩位投手之後，印地安人在 2012 年年底簽下朱立人，並要求他從三壘手轉為捕手，隔年先是被安排到大聯盟澳洲棒球學院計畫（Major League Baseball Australian Academy Program，MLBAAP），2014 年球季才真正展開旅美生涯，面對這一連串的改變、適應與挑戰，基督教信仰堅定的朱立人，靠著神度過層層關卡，也越走越穩。

028　2014　偉大的航道

Arizona　New Jersey　North Carolina　New York　Maryland　Ohio
　　　　　　　　　South Carolina　Massachusetts

朱立人在學生棒球時期，與 Vamos 成員從未有過接觸，但 2014 年首度在美國見到小朱時，就被他總是掛著笑容的氣息所吸引，黝黑的皮膚加上白白的牙齒，和球隊的 Logo 有著幾分神似、一樣可愛。

儘管起步不如其他早已擔任捕手多年的球員，但教練葉君璋仍舊花費許多心力幫助朱立人，國家隊鐵捕就是自己的「一對一家教」，小朱訓練積極認真，從不鬆懈。兩人除了是師徒關係，互動也像父子、朋友般親近，朱立人在場上的許多動作，甚至被視為葉君璋「複製版」，在入選國家隊期間，曾發生中華隊隊友誤以為小葉前輩以球員身分復出，重披國家隊戰袍，甚至變得更年輕的趣事。

適應力強又好學的朱立人，除了在菜鳥球季就繳出打擊率 0.348、盜壘阻殺率 0.410 的成績外，也入選仁川亞運中華隊，但 2015 年球季尾聲卻因傷成為台灣第一位動韌帶重建手術的捕手。所幸小朱信仰堅定，動刀後只沮喪兩天，就將這一切視為是上帝要給他的考驗，並檢視過去的練球習慣與態度，認為往後要更加謹慎、小心照顧身體，才能走得更遠。

2017 年球季朱立人從 1A 出發，春訓期間就獲得支援大聯盟的機會，早有經驗的他從賽前準備到比賽開打，就跟如魚得水一樣自在，態度受到教練肯定。從韌帶斷裂到支援大聯盟熱身賽，小朱回想當初那些試煉，忍不住衝往休息室的廁所偷偷拭淚。

儘管旅美多年碰到不少難關，但朱立人引用聖經表示，自己在受過傷、走過那些低落後，會像一隻老鷹再躍起，未來也將繼續向著標竿直跑。

大聯盟澳洲棒球學院計畫（**Major League Baseball Australian Academy Program**，簡稱 **MLBAAP**）：創立於 2001 年，主管單位為澳洲棒球協會。由於賽事根據球員年齡分級，因此大聯盟也會邀請符合年齡的選手參加比賽。

更多故事請見

　　至於與朱立人同樣身為野手的張育成，則是在 2013 年加入印地安人，也是繼匹茲堡海盜的哥哥張進德之後，五兄弟之中第二位來到美國打拚的成員。他和朱立人的經歷相似，都是先前往澳洲參加大聯盟澳洲棒球學院計畫，才來到美國。

　　張育成高中就讀棒球強權台中高農（現興大附農），當時的教練廖宏淵就曾表示，這位球員資質相當好，未來一定會出國。果不其然，張育成 2013 年在高中畢業後沒多久，就加盟印地安人，簽約金 50 萬美元（約台幣 1490 萬元），在當時僅次於林子偉的 209 萬美元與陳金鋒的 68 萬美元，是旅美野手中第三高的球員。

　　在這之前，其實他一度成為棒球逃兵，就讀泰源國小時因為訓練太過嚴格，曾打算放棄棒球，但受當時的校長方穎豐提醒，才讓張育成決定再苦也要撐下去。除了家人的支持，來到美國後的張育成也多了女朋友的陪伴，儘管 2016 年球季傳出可能是球隊交易的籌碼之一，但他並未受到太多影響，在女友不斷地鼓勵下，仍舊專注在球場上，2017 年春訓多次支援大聯盟，讓他更加成長。

　　好表現也延續到例行賽，張育成最終在 2A 轟出 24 支全壘打，並在球季結束後收到通知，進入 40 人名單，距離大聯盟只差一步！

更多故事請見

Arizona　New Jersey　North Carolina South Carolina　New York Massachusetts　Maryland　Ohio

張育成
Yu-Cheng Chang

2

New Jersey

◦

紐澤西

Vamos 誕生日

◦

7月15日，裴翊與阿昶抵達美國與家梵及咪咕會合，Vamos Sports 拼圖總算完成！對整個團隊來說，這趟新旅程不只正在創造美好的回憶，一直走下去，也成就了一間公司的誕生。

四人會合後休息沒多久就踏上工作的路程。第一站前往紐澤西採訪倪福德，也是一群人首次來到獨立聯盟（Independent League Baseball）。所謂的獨立聯盟，是泛指獨立於美國大小聯盟以外的職業棒球組織。而倪福德加入的是大西洋聯盟（Atlantic League），王建民於2015年也曾短暫投入大西洋聯盟的賽事，在南馬里蘭藍蟹隊（Southern Maryland Crabs）出賽一個月後，獲得重回美國職棒的機會。

倪福德效力於坎頓河鯊隊（Camden Riversharks），由當地知名業者金寶湯公司（Campbell's Soup）冠名贊助，入口處還有金寶的吉祥物。該球場相當漂亮，座落於連結紐澤西與費城的富蘭克林大橋附近，在場內觀看賽事，還可看到壯

觀的橋身。然而這支球隊已經在 2015 年走入歷史，場地轉

由當地大學球隊使用。🅥

①

倪福德
Fu-Te Ni

倪福德可以算是 Vamos 成員前往美國採訪最有淵源的球員。時間回到 2009 年，台灣棒球旅美史翻開新篇章，倪福德成為中華職棒首位轉戰美國職棒的球員；半年後，裴翊與咪咕也踏出美國採訪行的第一步。

當時首次前往美國採訪的第一個行程，是倪福德在底特律老虎 3A 托利多泥母雞 (Toledo Mud Hens) 的例行賽，由於彼此過去在中華職棒就建立起好交情，因此他相當信任裴翊、咪咕這些認識許久的老朋友，除了非常樂意接受訪問，當時甚至貼心地準備了 3 顆簽名球，感謝團隊跨海為他報導在美國打拚的

① Vamos 在獨立聯盟採訪倪福德
② 2010 年在老虎春訓基地採訪倪福德
③ 採訪倪福德幕後

更多故事請見

心路歷程。

　　結果沒想到採訪倪福德後不到一周的時間，就接到他升上大聯盟的消息，團隊也緊急更動行程。配合老虎即將作客運動家，改掉原本的機票，轉飛奧克蘭，第一次前往美國採訪，就見證台灣球員升上大聯盟，除了我們無比興奮之外，賽後倪福德也開心地請大家到中國餐廳吃飯慶祝。

　　從中華職棒開始，到前往美國打拚，我們眼中的倪福德，一直以來都很有自信、態度正面，為了棒球，從來不曾輕言放棄。就算遭遇低潮，仍舊樂觀面對挑戰，也會主動分享球隊的趣事，因為總是唱做俱佳、生動描述，常常逗得所有人都開懷大笑。

　　奇妙地是，除了見證倪福德的每一刻，倪福德也見證了裴翊、咪咕第一次到美國採訪，以及自行創業後的第一個行程，一路看著彼此向前邁進，不只有著認識許久的交情，更是一種革命情感。

②　　　　　　　　　　　　　　　　　③

3

North Carolina
South Carolina

○

北卡羅萊納、南卡羅萊納

跟著中華隊出征

○

　　這次在美國長征採訪的 3 個月，很幸運遇到 3 支等級不同、參與不同賽事的中華隊相繼集訓、出賽。雖然在美國移動是件苦差事，但既然披著國家隊戰袍出征，每支代表隊就一樣重要，因此，再怎麼疲憊都一定要採訪到這 3 支中華隊。

①

仁川亞運培訓隊

NCAA（National
Collegiate Athletic
Association）：美國
大學體育協會的簡稱，
負責管理全美大學體
育組織。

第一支見到的是在北卡羅萊納的仁川亞運培訓隊，在總教練呂明賜領軍下，赴美進行第一階段移地訓練，與當地 NCAA 明星隊進行五場交流賽。之後要趕赴荷蘭阿姆斯特丹參加哈連盃，並且再回美國進行另一階段的移地訓練。這批中華隊不只是國家隊睽違多年後再次跟 NCAA 明星隊交手，也有幸前往比賽場地之一的美國棒球國家訓練中心 (USA Baseball National Training Complex)，一探棒球強國培訓的環境。

Vamos 成員過去採訪這批選手的機會不多，除了原先認識的幾位業餘球員，如崇越科技的林克謙、合作金庫的林瀚、台灣電力的陳偉志跟蕭帛庭等之外，其他球員如文化大學的王柏融、國立體大的宋家豪等多數球員，對 Vamos 而言都是首次見面。因此事前準備功課、現場認人

① 集訓地之一的美國棒球
　 國家訓練中心
②③ 採訪仁川亞運培訓隊

大挑戰，都花費了不少時間。

　　但這批球員很爭氣，原本外界認為 NCAA 明星隊的實力在中華隊之上，交流賽勢必都是場場硬仗。但第一場比賽，這些國手就展現韌性，打進延長賽，以 5：5 逼和地主球隊，讓剛從鳳凰城飛到北卡的 Vamos 團隊相當振奮。

　　這也是我們第一次見到蘇智傑、陳傑憲，兩人雖然分別來自文化大學與台灣電力棒球隊，但卻有著許多共同點。「雙傑」在場上都拚勁十足，私下也喜歡分享移地訓練的趣事，善於表達，面對鏡頭毫不生澀，展現天生的明星氣質。在 2016 年投入中華職棒前，我們就看好他們會是未來之星，果然在加盟統一 7-ELEVEn 獅隊後，便迅速成為看板球員。

更多故事請見

┌─────────┐
│ 平鎮高中 │
└─────────┘

　　第二支中華隊則是在南卡羅萊納出賽，由總教練吳柏宏帶領，代表台灣出征世界青棒錦標賽的平鎮高中。Vamos

成員過去在關懷盃、黑豹旗等賽事，時常採訪這批球員，對彼此都相當熟悉。

　　平鎮高中原本在台灣的青棒賽事，就是求勝意志旺盛的強隊。這次背負著代表台灣的使命，讓他們在出發前就氣勢高昂，希望能將冠軍獎盃帶回家。另一方面，陣中主力球員像是林政賢、林立等人，已經在六月畢業，因此這是他們高中生涯的最後一次出賽，除了自己希望留下美好的句點，學弟們也都期待能將贏球作為畢業禮物，送給高中一起並肩作戰的學長們。可惜平鎮最後只打下二勝二敗，無緣晉級，當時即將要升上高三的主力球員宋文華，甚至難過地流下眼淚。

　　這批球員除了相當重感情，對於過去常採訪他們的 Vamos，也一直很感謝。雖然只是高中生，但卻有禮貼心，知道我們這次在美國採訪的時間很長，特別將當地僑胞多送給他們的泡麵，轉交給 Vamos，希望我們在三個月的採訪中，能順利平安。

世界青棒錦標賽（Big League Baseball）：由世界少棒聯盟（LLB）舉辦，1968 年創立，參賽球員年齡為 17、18 歲。2017 年起停辦。代表台灣參加青棒錦標賽的隊伍，透過「王貞治盃全國青棒錦標賽」選拔而出。

① 2014 年採訪亞運培訓隊時，第一次見到蘇智傑與陳傑憲
② 裴翊受邀開場唱國歌，與演唱美國國歌的小女孩合照
③ 黃逸鑫、林政賢將泡麵轉送給 Vamos
④ 南卡艷陽高照，場邊採訪只好自製傘架

更多故事請見

亞青培訓隊

　　第 3 支採訪的中華隊是由總教練「牛爸」陳献榮所率領的亞青培訓隊。此次的亞青培訓隊是首度採取成棒選訓方式，在台灣選出 20 名球員至美國移地訓練後，回到台灣再選取 18 位到泰國曼谷參加 18U 亞洲青棒錦標賽。

　　這一次的採訪挑戰很大，因為 Vamos 必需移動將近 15 小時，從密爾瓦基再次回到北卡。還好家梵與阿昶都能負責開車的任務，在長程移動中輪流休息、分擔壓力。

① 亞青培訓隊外野手張
　祐銘
② 亞青培訓隊外野手王
　榆銓
③ 郭勇志擔任亞青培訓
　隊投手教練

更多故事請見

　　移動超過一天一夜仍非去不可的理由，除了認識多年的總教練陳献榮之外，教練團中曾效力興農牛的郭勇志、在成德高中執教的陳同霆，也都是Vamos 的老朋友；球員的部分，屏東高中的曹維揚、成德高中林凱威、榖保家商的陳琥、南英商工的林安可等人，因為先前黑豹旗的拍攝也都相當熟悉。

　　儘管球隊組成來自不同高中，但在這群教練帶領之下，球員間的氣氛相當融洽，加上美國棒球國家訓練中心場地、環境完善，感覺得出來這些年輕球員都很享受、珍惜這次來到美國，見識棒球強權的機會。和諧歡樂的氣氛不僅如此，為漸凍人募款的的冰桶挑戰（Ice Bucket Challenge）也傳到了中華隊，被多位南英子弟兵點名的總教練陳献榮，特別在北卡執行任務，Vamos 也為「牛爸」記錄下了冰凍影片。🅥

4

New York
Massachusetts

○

紐約、麻薩諸塞

行李搬到哭

○

創業初期，舉步維艱，但有時候為了省小錢也可能會釀成大禍。

只要在美國東岸跑採訪行程，我們通常會以紐約為據點。由於紐約住宿費高昂，因此只要來到這裡，都會借住在咪咕同學阿魯家。阿魯本名魯詠齡，與先生謝天翼兩人都非常好客，而且家中空間充足，就算一大群人前往也不用擔心，再加上所飼養的兩隻貓，每次到訪，熱鬧得就像在家過年。

由於阿魯家就在火車站附近，步行只要短短 10 分鐘，所以結束採訪行程，要從阿魯家離開時，一群人沒有搭 UBER，而是決定拖著行李徒步到車站。但三個月的長征，行李數量相當可觀，大大小小加起來總共 17 件，有每個人各自的行李，也有不少攝影器材，數量相當可觀。

因此上路之後，原本短短 10 分鐘的距離，卻變成超級重訓地獄，這讓平常樂觀的裴翊、咪咕也因為搬到太累，流下了疲憊的眼淚，決定以後不能再省這些小錢，還是搭車比較實在。

但真正的挑戰還在後頭，原來若是選擇搭飛機前往波士頓，只要一小時就能抵達。但一群人的總花費卻會是搭巴士的 10 倍，因此在經費有限的情況下，大家還是選擇先搭火車到曼哈頓轉乘巴士。不過到了曼哈頓後，才發現必須再步行半小時才能到巴士站。千辛萬苦徒步抵達巴士站後，又發現每個人可攜帶的行李只有兩件，因此一群人只能拚命地將原本 17 件的行李塞成 8 件，才驚險搭上巴士。

　　移動超過五個小時後，總算來到麻州的波士頓。因為行李實在太多，四個人只能分批行動，阿昶、家梵先前往租車公司，裴翊與咪咕則是待在原地等待他們取車回來。

　　但彼此分開後，裴翊與咪咕才發現路上的氛圍有些奇怪。沒多久兩人就看到一個路人到處要錢，要到裴翊與咪咕時，兩人假裝聽不懂英文，結果換來對方一連串的辱罵。

①一群人經過超級重訓
地獄之後，好不容易
抵達車站

　　原來這個地區治安並不好，不少奇怪的路人對著兩個瘦弱的亞洲女生虎視
眈眈。兩人一發現苗頭不對，也先想好最壞情況，若是遭搶，個人行李就算了，
但一定要先保護攝影器材。

　　一邊情況危急，另一邊阿昶、家梵取車也出了問題。由於到波士頓的時間
比原訂延遲，兩人前往租車公司時，早已大門深鎖，同時間又接到裴翊與咪咕
的電話，知道同伴正處於極大的恐懼之下，阿昶、家梵決定先回到車站，以免
發生意外。

　　就這樣四人再度會合、移動行李、聯絡已經打烊的租車公司，折騰了好幾
個小時，才終於來到旅館。Ⓥ

5

Maryland

○

馬里蘭

請客請到拉頭髮

○

　　除了在移動時因為省錢吃盡苦頭，住宿上也因經費有限，入住讓大家至今仍印象深刻的旅館。

　　結束波士頓的行程來到位於馬里蘭州的巴爾的摩，選擇入住一晚只需 50 元美金的旅館。抵達後才發現，除了隔音差，到處傳來開趴的聲音之外，房門也非常薄，似乎只要用力一點，一腳就能踹開。隔天一早更發現，旅館完全毫無管制，不斷有外人走進餐廳，甚至坐下一同享用旅館的早餐，嚇得一群人簡單果腹後，就趕緊前往金鶯球場採訪。還好一切的辛苦，在採訪開始後，就被所有人拋到腦後。

　　金鶯隊球場坎頓園（Camden Yards），前身為火車站，因此場內保有許多古樸的裝飾與巧思，我們還發現了坐鎮場內的工作人員居然神似好萊塢影星勞伯狄尼洛！此外，右外野緊鄰的紅磚建築物是美國東岸最長的建築，為金鶯隊的辦公室。而球場與建築物間的人行步道，名為悠塔街（Eutaw Street），也是

球迷必訪之地。地上與牆上記錄了許多穿過外野的全壘打球印記，像是紐約洋基的傑森·吉昂比（Jason Giambi）於2008年、小葛瑞菲（Ken Griffey, Jr）於1993年擊出的全壘打，也都名列於此。

　　我們在這裡同樣也受到老朋友的熱情招待，除了效力巴爾的摩金鶯的陳偉殷之外，還有媒體同業鄭又嘉、主播李怡慧夫妻，大家一起前往陳偉殷推薦的螃蟹餐廳吃飯也搶著請客，怡慧與咪咕甚至最後在搶帳單時，不小心互扯對方的頭髮，熱情又激烈。

　　裴翊與怡慧是2005年一起進入緯來體育台的同梯，在要求速度與專業的體育新聞戰場上，兩人互相幫忙，彼此cover，總是忙到超過午夜都還在公司奮鬥。在這樣漆黑

① 怡慧（右）介紹巴爾的摩金鶯主場
② 金鶯球場外的悠塔街
③ 遇見長得像勞勃狄尼洛的工作人員（中）
④ 來到巴爾的摩，受到老朋友的熱情款待。左為李怡慧、鄭又嘉夫妻，中為陳偉殷與家人。（為保護隱私，照片經模糊處理）
⑤ 與李怡慧、鄭又嘉夫妻（左）合照

的夜晚裡，會騎車的怡慧時常載著裴翊回到住處，甚至會貼心地等到裴翊開了大門才騎車離去。因為兩人住得不遠，隔天上班前，怡慧又會再度騎車出現在裴翊的住處樓下，一起去上班。

更多故事請見

2011 年兩人先後離職，怡慧轉戰民視，隔年裴翊到三立新聞台。雖然不同公司，但各自為理想奮鬥，從不視彼此為敵人。裴翊決定創業後，兩人能因為棒球再度相見，甚至是在國外，彼此都很開心，也都希望能繼續在體育圈有所貢獻。Ⓥ

6

Ohio

。

俄亥俄

奔波追星

。

　　2014 年最轟動的新聞，莫過於「小皇帝」詹姆斯宣布要重返騎士隊，並且計劃在出生地艾克隆（Akron）舉辦返鄉歡迎派對（Welcome Home Rally），因此我們離開巴爾的摩之後，再度踏上公路旅程，這次移動的距離開車要 8 小時。

　　Vamos 總監阿昶從小就愛看籃球，並將小皇帝視為偶像，因此當他知道詹姆斯要舉辦球迷會時，就非常希望能夠參加。由於這場返鄉歡迎派對採免費取

票，因此在網路開放申請時，引起球迷瘋狂搶票，結果阿昶如願以償地搶到了 4 張票，能帶著大家一起前往，完成見到偶像的心願。

雖然路途漫長，但除了衝著詹姆斯一定要去之外，原本在 3A 的李振昌也傳出再度升上大聯盟的好消息，而印地安人主場進步球場（Progressive Field）距離艾克隆開車只要一小時。艾克隆另一頭還有辛辛那提網賽（Cincinnati Masters）正在俄亥俄州如火如荼進行，開車約三個小時就可以見到台灣網球員們，所以就算辛苦也要咬著牙上路。

① 前往 NBA 球星詹姆斯家外朝聖
②③ NBA 球星詹姆斯家的球迷見面會
④⑤ 親自踩點詹姆斯最愛的漢堡店 Swensons

④

⑤

為台灣網球加油：盧彥勳、王宇佐、詹家姊妹

　　車程 3 個小時外的辛辛那提正在進行的是 ATP1000 大師賽，這項總獎金高達 300 萬美元的比賽，也提供球迷高水準的享受，每天設定主題日活動，滿足不同年齡層的需求，從用餐區、各項網球體驗遊戲到商品販賣部，園區規劃完善，吃喝玩樂應有盡有，就算天天來也不會無聊。

　　而這次我們來訪的任務之一，是採訪台灣一哥盧彥勳、王宇佐、詹詠然與妹妹詹皓晴等台灣球員。裴翊在進入體育圈工作後開始接觸並喜歡網球，也曾

① 辛辛那提大師賽
② 裴翊在辛辛那提大師賽
　周邊的體驗活動中，挑
　戰發球球速

更多故事請見

短暫上過網球課，感受這個運動實際帶來的趣味，但鮮少有機會真正踏進網球場採訪，通常是在球季結束的活動或記者會等場合，才會遇到盧彥勳、王宇佐、詹詠然等台灣球員。

　　然而首次在現場觀看盧彥勳的賽事，台灣球王就送上贏球大禮。第六度征戰辛辛那提大師賽，盧彥勳首輪就遭遇勁敵、世界排名 45 的伊斯托明（Denis Istomin），雙方過去兩次交手，都由這位烏茲別克好手拿下勝利，但這次交手，盧彥勳在第一盤先保住前 3 個發球局，又在關鍵時刻破發成功，先以 6 比 3 拿下首盤後延續氣勢，很快以 6 比 4 再下一城，整場比賽速戰速決只花了 54 分鐘就直落二打敗對手。這讓過去只能透過外電編譯盧彥勳賽事的團隊相當振奮，隨即準備進行賽後訪問，但由於是第一次到 ATP 現場採訪，花了一些時間才找到盧彥勳，但球王也耐心等待我們組裝好採訪設備。

　　盧彥勳認為，自己在心情上調適得不錯，就算遇到困難的狀況也能平穩

地處理，領先時也能把握住優勢，這是讓他比較滿意的部分。由於下一場對手是第 4 種子的捷克好手柏帝奇（Tomas Berdych），面對的是更加難纏的強敵，盧彥勳希望自己能維持住首戰的狀態，甚至需要更超水準的演出，才能爭取好的成績。台灣一哥最後在第二輪的賽事中，後來居上以 3 比 6、6 比 3、6 比 4 擊敗對手，晉級至第三輪賽事，追平自己在大師賽保持的十六強紀錄。

除了盧彥勳之外，我們在辛辛那提也訪問了傷後復出的王宇佐，看到他沒有被傷勢擊倒，重回球場後轉換心態更享受打球的時光。最後訪問的是「詹家姊妹」詹詠然與詹皓晴，也是我們這次來到美國後，唯一採訪到的女性運動員，她們姊妹情深、互相扶持，讓我們期待未來台灣體壇能有更多「女生的力量」站上國際舞台。

更多故事請見

①② 盧彥勳、詹詠然與
　　詹皓晴在辛辛那提大
　　師賽受訪
③ 納達爾出戰印地安
　　泉網賽
④ 裴翊 2015 年於印地安
　　泉網賽

裴翊最愛：蠻牛納達爾

　　當然在這樣高等級的賽事中，除了台灣球員之外，網壇巨星也都在辛辛那提齊聚一堂，原本預期裴翊也能見到最愛的西班牙蠻牛納達爾（Rafael Nadal），可惜納達爾因傷退賽。

　　裴翊是在納達爾 16 歲那年開始注意他，當初是在主播台播報時發現這位幹勁十足的小夥子，不管是球場上的打法，或是面對比賽的態度，那種充滿活力跟拚鬥的精神，加上一直以來在紅土上奔馳，幾乎無人能敵的表現，深深吸引了裴翊。不只自己瘋，也會拉著身邊的朋友、同業一起看比賽。

　　隔年再度前往美國採訪春訓時，裴翊利用空檔與當地友人相約前往加州的印地安泉網賽（現稱法國巴黎銀行公開賽）。這也是裴翊難得能單純當一位球迷，觀賞蠻牛的比賽。但「當球迷」的代價不菲，一場 8 強戰、座位不算最好，就要價 200 美金。還好西班牙蠻牛不負眾望，贏下比賽，也為裴翊留下美好回憶。 Ⓥ

李振昌
Chen-Chang Lee

　　結束會偶像的行程後再次上工，這次要前往印地安人採訪李振昌。從辛辛那提移動到克里夫蘭市中心的進步球場距離不短，開車至少要 7 小時，雖然路途漫長，但依舊非去不可。

　　來自澎湖的李振昌，青棒時期為了延續自己的棒球夢，離鄉背井跨海到了屏東高中，以怪異的側投姿勢開啟投手丘上的一片天。原本高中畢業後就有旅外機會，但這位青棒以前沒有接受過正規棒球訓練的大男孩，自認實力不夠，決定先北上就讀台北體院。在堅持不懈的努力之下，他成為球隊王牌，並在 2008 年的北京奧運對上古巴之役中一戰成名，隨即獲得美國職

① 2017 年轉戰落磯後，
　正在春訓基地練球的
　李振昌
② 李振昌 2014 年再度升
　上大聯盟

更多故事請見

棒青睞，與印地安人簽下合約。只是這一步，又得離家更遠一些了。

　　2013 年，他首度升上大聯盟，成為台灣旅美球員第九位升上大聯盟的選手。即使受到各界高度矚目，他卻維持一貫低調，球迷在新聞報導上，很難一探究竟這位大聯盟投手私底下真實的面貌。但對我們來說，不管是過去在前東家或是自行創業之後，我們一路從高階 1A、2A、3A 到大聯盟，完整記錄李振昌奮鬥的過程，見證他私底下從超級害羞的男孩，到主動跟大家聊天的轉變。

　　李振昌儘管升上了大聯盟，但想家的心依舊沒變。就算人到美國多年，電腦桌布仍舊放著澎湖知名景點雙心石滬的照片，甚至會笑說，想換到洛杉磯的球隊，因為離家能更近一些些。

　　除了想家的心，李振昌還有一顆體貼的心，每次看到 Vamos 前往採訪，李振昌會算好總共來了多少人，再從休息室內抱著一罐又一罐的礦泉水給大家，會擔心我們在美國吃得不好，總是列出一堆推薦的餐廳名單。

　　更直接受惠的是學弟們，球場外的李振昌，不只是「印地安人四少」的老大哥、精神支柱，也是一位擔心學弟吃不慣美式食物，會親自下廚燒飯的貼心前輩。小老弟江少慶也傳承了李振昌的食譜，在學長離開印地安人之後，開始做飯給大家吃，李振昌不只指導學弟球技，也貢獻了自己的廚藝。

　　除了對記者、台灣學弟們貼心，平常面對鏡頭看似害羞內向的李振昌，其實相當融入美國球隊的生活，隊友看到來自台灣的記者在拍攝，常會故意跟李振昌打鬧，顯見在隊上的好人緣。

　　後記｜為了離家近一點，2016 年，李振昌選擇離開美國職棒前往日本。2017 年又回到美國，加入科羅拉多落磯。不管這位愛家的大男孩下一步會去哪裡，那個抱著一堆礦泉水從休息室跑出來的畫面，永遠會記在 Vamos 每個人的心裡。

7

Illinois

。

依利諾

異鄉的力量

。

　　結束了在克里夫蘭的行程，為了移動到芝加哥，再度踏上長達 6 小時的公路之旅。這是 Vamos 首度造訪「風城」芝加哥，除了採訪芝加哥小熊隊的曾仁和與密爾瓦基釀酒人王維中同場出賽之外，也在這裡遇到了老朋友。這位老朋

① 妞妞為前統一獅啦啦
　隊隊長。照片來源：
　菜心
② 王維中（左）邀請妞
　妞到釀酒人主場觀看
　開幕戰。照片來源：
　妞妞
③ NBA 芝加哥公牛隊主
　場聯合中心（United
　Center）前

友的身份很特別，不是球員、記者，而是前統一獅啦啦隊隊長：「妞妞」黃聖家。

　　妞妞在師大就讀期間，帶領熱舞社四處征戰，也以主持人的身份活躍於各大展場，並先後擔任 SBL 台啤與中華職棒官方啦啦隊的一員，因而結識當時仍在聯盟工作的家梵。

　　2006 年，妞妞所屬的舞團 Divas 成為統一獅正式啦啦隊。她除了擔任隊長，親切、熱情的個性也深受球迷喜愛，但是 2010 年球季尾聲，因個人生涯規劃，毅然決然放下在台的一切，飛往美國圓夢，就讀企業管理碩士，並在芝加哥與台商郭正雍相識相戀。

夫妻倆熱心好客，郭正雍更被暱稱為「芝加哥里長伯」，每當有人需要幫忙，他總是義不容辭，對於台灣媒體，以及在美國打拚的台灣選手都照顧有加。像是王維中在升上大聯盟前，就因為翻譯許人傑的關係結識妞妞，建立像家人般的感情。而首度登上大聯盟的王維中，也邀請妞妞以家屬身份參加開幕戰。

在我們抵達芝加哥之前，妞妞就已經細心安排好一大群人的住處，幫助我們省下許多手續與預算，並抽空帶大家觀光、品嘗在地美食。沒有妞妞與郭正雍的協助，我們的採訪就無法順利進行。

後記｜ 2017 年，這對熱心的夫妻因公前往澳洲，郭正雍卻不幸在車禍意外中身亡。我們誠摯感謝郭正雍先生對所有台灣人、旅美球員與媒體同業的照顧，也祝福妞妞能堅強走下去，繼續以愛溫暖身邊的朋友。 Ⓥ

① 與妞妞（右二）、郭正雍（右一）合照

PART 2
2015
在風雪中前進

當大家還沉浸在過年的氣氛，和家人團聚圍爐的時候，Vamos 為了採訪旅美球員春訓，在大年初四就出發前往美國，除了咪咕、家梵、裴翊、阿昶四位基本成員，這次還多了一個實習生李政晏，以及媒體同業羅國禎和張乃文，一行總共 7 個人在 2/22 出發前往美國。

　　我們在佛羅里達先採訪了何承叡、林子偉、陳偉殷、張進德、廖任磊、王建民，在亞利桑那又訪問了王維中、李振昌、張育成、朱立人、陳品學、江少慶、陳品捷、曾仁和、黃暐傑與吳永盛，一共 16 位球員，以及 4 位教練江肇軒、葉君璋、葛雷諾和楊玉明，花費 26 天，走過 5147 公里與 8 個春訓基地，出了將近 25 支的採訪影片，包括首次進行的 9 支直播，一直到 3/19 才回到台灣。

　　這次旅程一開始就因為遇到暴風雪導致行程大亂，但志同道合的人一路相伴，也有許多雪中送炭、噓寒問暖的朋友，因此儘管漫漫長路上偶遇風暴，仍舊因為這些溫暖的幫助，而更值得珍惜。

更多故事請見

1

Beginning

○

起點
挑戰新任務

○

　　Vamos 第二次美國行，除了原班底咪咕、家梵、裴翊、阿昶之外，這次還多了一個熱血實習生李政晏，以及媒體同業羅國禎和張乃文，多了 3 個支援兵加入，讓團隊聲勢更加浩大，出發前格外興奮開心。

　　李政晏是國立體育大學休閒產業經營學系的大一生，身為校友的家梵在回母校教課時，發現這名個性積極的學弟。Vamos 正好希望這次的美國行能多帶一個男生，分擔原本阿昶一人扛起的工作，結果他決定自費跟大家前往，成為目前唯一被帶出國採訪的實習生。除了分擔工作之外，因為個性隨和、好相處，李政晏很快地跟大家打成一片，加上有時少根筋的小插曲，意外成為 Vamos 的開心果，帶來許多歡笑。像是沒搞清楚美國各地天氣，只穿了一雙夾腳拖就出發。行程中卻意外遭遇暴風雪，到丹佛轉機時，氣溫不到零下 10 度，為了保命，只能在一下機後，趕緊殺去賣場添購新鞋。也曾因為點餐時，漂亮店員詢問是否要加蜂蜜（honey），李政晏卻會錯意，以為對方在喊「親愛的」，因此害羞

傻笑。不僅如此，他一路上更曾因為 Outlet 太好逛，血拚過了頭，大包小包塞爆整輛車，導致車門無法關起，我們還得把行李左移右塞才能順利關門上路。

　　Vamos 成員自 2009 年赴美採訪至今已有多年，安排行程、住宿等經驗豐富，讓許多媒體同業甚至是台灣球員，時常在看到照片，或是聽到分享後，都直呼好想跟著去，2015 年就出現了首次的「跟團旅客」，正是裴翊過去在前東家的同事：羅國禎與張乃文。當時兩人恰巧相繼離職，因為一直夢想著要去看看棒球的最高殿堂，因此決定同行。途中，羅國禎也因為擁有前主播與前職棒球員的背景，在直播影片中協助擔任講解、分享美國職棒春訓的重點，為球迷朋友帶來不同的觀點。**V**

① 本次採訪除原班底，
又增新成員實習生
（右）
② 前主播兼前職棒球員
羅國禎，協助解說

2

Los Angeles

○

洛杉磯

雪中送炭

○

　　大年初四，一群人浩浩蕩蕩從桃園出發。為了節省經費，並未直接飛往東岸，而是先到香港轉機，再到洛杉磯機場，由西岸進入美國後，至丹佛轉機飛往奧蘭多，才正式展開春訓採訪行程。出發前看似一切安排妥當，卻因為美國境內突如其來的暴風雪，打亂既定行程，抵達洛杉磯機場後，無法馬上轉機，

① 因暴風雪而受困洛杉
　磯機場超過一天一夜
② 楊玉明、林曉鐘夫婦
　送上 In-N-Out 跟濃湯

一行人被迫睡在機場超過一天一夜。不巧又碰上機場內部進行整修，無法供應熱食給旅客享用，大夥飢寒交迫。受困機場的消息經時任聯合晚報的記者吳婷雯報導後，美國當地不少大咖好友都雪中送炭捎來關心。除了紅襪小聯盟教練江肇軒跟陳偉殷夫妻都在佛州焦急等待，旅居洛杉磯的前男籃國手楊玉明、林曉鐘夫婦，更是直接開車殺到機場，送上加州知名漢堡連鎖店 In-N-Out 跟濃湯，不只暖胃更暖心。

這並非楊玉明、林曉鐘第一次伸出援手。2014 年，我們前往美國長征採訪有一個重要的中繼站，就是他們夫妻在洛杉磯的住處。這一切都源自 2005 年，咪咕進入緯來體育台後認識林曉鐘。同梯的兩人有著革命情感，儘管後來因為各自不同的生涯規劃，相繼離開老東家，但雙方情誼不減。至今已經認識超過 10 年，只要我們到美國採訪，林曉鐘與楊玉明都會義不容辭大方出借自家客房，讓一群人有個能好好休息、又不用擔心預算的地方。

楊玉明在 2013 年高掛球鞋，從台啤籃球隊退休後，原本想將台灣的美而美早餐店帶到美國經營，甚至不怕外界異樣眼光，選擇拋開明星光環前往早餐店拜師學藝。但最後楊玉明仍放不下最愛的籃球，前往加州後在駐地記者的建議與宣傳下，成立籃球訓練營「三分球籃球學院」（3

Vamos 小提醒
前往美國必須加保旅遊不便險，因美國國內時常出現班機延誤的問題，若是需要自行負責住宿費用，旅遊不便險可申請理賠。

① ② 楊玉明退休後在加州成立「三分球籃球學院」，親自指導華裔小選手
③ 林曉鐘（左）與咪咕因為是緯來同梯，建立深厚交情

更多故事請見

Point Basketball Academy），栽培華裔小選手。學員主要分為 2 至 5 歲的籃球幼幼班，以及 6 至 13 歲的少年組（Youth Basketball）。

儘管指導小小孩並不容易，但是看著孩子開心學習、進步，成為楊玉明執教的最大樂趣。除了幫助華裔小球員在籃球路上築夢、指導球技之外，學院也相當注重小小孩們場外的性格發展，希望能培養出更多的林書豪，在場上場下都成為榜樣，有朝一日挑戰更高殿堂，這是楊玉明成立籃球訓練營最大的目的。Ⓥ

3

Denver

。

丹佛
暴風雪的祝福

。

等待超過 12 小時後，終於等到了轉機的航班，前往溫度更低的丹佛。原本飛抵丹佛後，轉機的時間不長，無法出關。但因為受到暴風雪影響，得在丹佛多住一晚，這讓咪咕反而有充裕的時間，能去探望住在當地的姑姑與姑丈，其他人則是驅車前往賣場添購保暖衣物。

從機場到姑姑家，車程約 1 小時。由於姑姑臥病在床已經一段時間，無法言語，因此咪咕只能在床邊看看她，輕聲對她說說話。但這樣簡單地閒話家常，未來也不會再有了，因為姑姑在 2015 年年底離開人世。這場暴風雪嚴重耽誤行程，讓所有人身心俱疲。事後回過頭看，卻成為咪咕能在丹佛見到姑姑最後一面的關鍵。有時候，風暴或許是上帝的祝福。

這也讓我們更加珍惜與家人相處的時間。由於長年在外採訪，不管是在台灣或美國，常常在重要節日錯過跟家人相處的機會。就以這次來說，為了採訪大聯盟春訓，整個團隊在農曆年期間就離開台灣。但一直以來，家人都不曾有

過怨言，而是選擇在背後默默支持，讓 Vamos 裡的每個人都能毫無後顧之憂地向前衝。

　　或許從未開口說過什麼，但團隊每個成員的父母，就像約好似地，都會對我們上傳的每支影片按讚分享，這樣小小卻溫暖的行動，讓整個團隊都理解，就算往前衝的結果不見得總能成功，但是，「家，會一直都在」。🆅

4

Port St Lucie

°

聖露西港

網球學院

°

　　離開冰冷的丹佛後，原訂飛抵奧蘭多的第一個行程，是要前往紅襪春訓基地採訪林子偉。但正在美國的台灣留學生林大洲，透過網路與我們聯繫後表示，附近的聖露西港有一位台灣網球小將何承叡，正在當地的網球學院 Club Med Academies 進行訓練，希望這位認真的選手，能透過 Vamos 的鏡頭被大家看見。因此，臨時決定在採訪紅襪前，新增採訪行程。

　　雖然抵達奧蘭多的時間已晚，但一群人隨即前往車程兩小時的網球學院，
打算隔天一早先採訪何承叡，再前往紅襪春訓基地。由於學院地處偏僻，沿途
甚至一度沒有路燈，還以為誤闖美國影集殺人場景，所幸最後順利抵達。一早
起床後才發現昨天讓大家驚恐的網球學院，其實環境相當優美，加上氣候晴朗，
是知名的度假聖地。

　　這裡不僅氣候怡人，設備更是完善，從餐廳、電影院、網球相關設施，還
有高爾夫球場、游泳池、專業的沙灘排球場地與水上運動設備應有盡有。網球
學院的總教練賈拉米洛（Gabriel Jaramillo）本身也是網球名人，他在知名的尼
克・波利泰尼（Nick Bollettieri）網球訓練營工作多年，訓練出許多頂尖球星如
錦織圭、阿格西、莎拉波娃。Ⓥ

何承叡
Ray Ho

台灣網球未來之星何承叡，2012年來到這裡訓練後，曾在2014年底國際網總（ITF）舉辦的最高等級賽事、國際青少年 A 級賽事橘子盃（Junior Orange Bowl）拿下亞軍，是台灣球員自1999年以來的最佳成績。2015年受訪時，何承叡年僅15歲，身高已經將近190公分，發球相當有威力，被網球學院總教練賈拉米洛大讚與法國名將叢加（Jo-Wilfried Tsonga）有些相似。

　　為了成為世界第一，他在小學畢業後就赴美訓練，除了先天高人一等，學院總教練也指出何承叡擁有強壯的心智，知道自己要什麼，渴望成為冠軍的想法深存在心裡、腦海裡，這在競爭激烈的網球戰場上，是不可或缺的絕對優勢。除此之外，賈拉米洛教練也稱讚何承叡每次練球都會拿出百分之一百的努力，就算可能要掉分了，也不會輕言放棄任何一球一分。何承叡的另外一項優勢就是力量，他的發球有勁，正拍極具威力，教練也期許他未來能成為下一個錦織圭。

　　但何承叡也坦言在美國的訓練非常辛苦，不過他想法超齡，認真看待自己的興趣，並且訂出明確的目標，為了成為世界第一，他願意持續這樣嚴格的訓練。因此家人也決定要繼續籌措經費，讓他在最好的環境下，能朝向夢想邁進。

　　事實上，在這裡日復一日的練習雖然很辛苦，但學院也安排各種課程與休閒活動，幫助每位選手在場上與場下都能不斷精進。由於環境優美，何承叡也時常在學院內的湖邊划船釣魚。從練球、重訓、讀書、跟各國球員交流到比賽，這些都是何承叡邁向夢想、成為世界第一的重要旅程。

① 台灣留學生林大洲（左1），網球學院
　總教練賈拉米洛（中），何承叡（右3）
② 網球學院總教練賈拉米洛接受採訪
③④ 除了訓練之外，學院也安排各種課
　程，幫助每位選手在場上與場下都能
　不斷精進

更多故事請見

5

Fort Myers
Sarasota

。

麥爾茲堡、薩拉索塔

春訓直播新創舉

。

紅襪春訓基地

結束在網球學院的採訪，一群人往佛羅里達西南部連趕 3 小時的車，終於抵達原定的第一站：位於麥爾茲堡（Fort Myers）的紅襪春訓基地：捷藍球場（JetBlue Park），該球場的命名源自美國本土的捷藍航空公司。

① 紅襪春訓基地主球場
　捷藍球場
② 紅襪春訓基地
③ 2014 年底，直播東吳
　國際超級馬拉松
④ 2014 年底，直播南英
　商工 OB 賽

　　這次除了行程受到暴風雪影響一改再改，比預期時間延宕了兩天才到達之外，採訪模式也有所改變。我們在出發之前就計畫這次要用全新的方式，介紹紅襪與金鶯的春訓基地，那就是在 Youtube 平台線上直播。這樣的規劃並非偶然，由於 2014 年年底，我們曾經先後在台灣直播東吳國際超級馬拉松，以及南英商工 OB 賽，有了成功的經驗後，安排美國行的同時，也決定要用直播的鏡頭，讓觀眾更能即時了解春訓。

　　與原本在現場拍攝再後製的採訪影片相比，透過 Youtube 的線上直播更能與球迷直接互動，球迷有問題也可以在影片旁的留言欄提出，團隊都會盡可能回答大家的疑問。透過直播的方式，甚至能即時為球迷挑選喜愛的禮物，再以有獎徵答的形式送出，提升收看樂趣。

　　這次直播不僅單以採訪記者的角度介紹春訓，而是請來在紅襪任職的台灣教練「米奇」江肇軒為大家解說。雖然直播的時間是台灣的半夜，但仍吸引許多球迷觀看。

　　只是螢幕前的觀眾，雖然看到的是裴翊跟米奇輕鬆走在前面，但事實上，兩人後面跟著的是一群不可分離的工作人員，像是掛著一整串葡萄。除了裴翊在前面介紹之外，咪咕從製作人變成攝影師，同時又得背著裴翊的包包；本業是攝影師的阿昶，則是抱著筆電監控網路訊號，至於其他大大小小的器材，只能交由家梵與實習生李政晏幫忙分擔。因此，一群人完全不能分開，否則直播就會出問題，

① 米奇（左）與羅國禎
② 直播結束，立刻重看影片確認是否有問題
③ 米奇協助講解紅襪春訓直播
④⑤ 日籍球星上原浩治進行練習，結束後為場邊球迷簽名

就連在鏡頭前講解的米奇，在直播結束後，都還得幫忙拿腳架。

更多故事請見

　　直播時也正好碰上紅襪的媒體日。媒體日通常安排在春訓正式開跑、也是開放球迷進入的第一天，因此現場湧進大批人潮。媒體日的主要任務則是安排選手、教練拍照與錄製短片，這些影像提供球團和大聯盟官方在出版的刊物中，或是比賽時的大螢幕上使用；另外也會安排一段較長的時間，讓各大媒體進行採訪。我們也幸運見到日籍投手上原浩治與「功夫熊貓」桑多瓦（Pablo Sandoval），對於球迷要求來者不拒的球星風範。

④

⑤

金鶯春訓基地

　　結束在紅襪的採訪，離開麥爾茲堡，緊接著繼續北上薩拉索塔（Sarasota），前往巴爾的摩金鶯的春訓基地拍攝陳偉殷。金鶯隊所在的艾德‧史密斯球場（Ed Smith Stadium），過去曾接連為芝加哥白襪、辛辛那提紅人的春訓基地，雖然期間曾於 1991 年短暫為金鶯所用，但直到 2010 年，才又正式為金鶯隊所管理。

① 金鶯隊春訓基地
② 陳偉殷受訪中
③ 金鶯隊吉祥物
④ 幕前，羅國禎（左）在金鶯春訓直播影片中擔任講解
⑤ 金鶯春訓直播幕後

更多故事請見

由於球迷在前一次的紅襪直播參與熱烈，我們在金鶯也以相同的方式進行採訪，並請隨行的同業羅國禎一起在鏡頭前分享、說明他所看到的美國春訓。雖然並非如米奇因為是「主場」教練，能清楚講解、分析現場狀況，但羅國禎以過去擔任過主播與職業球員的角度出發，將自己的想法與觀眾分享，希望在美國見到的一切，也能帶回台灣運用。例如這次在金鶯就拍攝到了一個有趣的畫面，是球隊首次進行噪音訓練，讓球員模擬例行賽在全場超過萬人的吵雜環境下，球員之間無法聽到隊友聲音的時候，該如何配合，考驗彼此默契。Ⓥ

這次直播請到的「外援」米奇，本名江肇軒，其實已經不是第一次出手相助。我們早在 2009 年前往紅襪採訪蔣智賢、林哲瑄時，就因為米奇親切熱心的個性成為朋友。

從小就熱愛棒球的江肇軒，在大學畢業後前往美國攻讀企業管理，2007 年因緣際會至紅襪擔任翻譯，除了協助台灣球員的相關工作之外，米奇也相當融入球隊文化，紅襪球團在 2009 年便決定讓他轉任教練。

我們與米奇熟識之後，與採訪相關的大小事都受到他許多協助。從美國的便宜機票、在美國車子被拖吊、車窗遭歹徒打破，甚至到較為專業的英文翻譯，第一反應都會想找米奇。

他甚至曾在隨球隊客場出征時，將租屋處借給 Vamos 居住。因為擔心大家不熟悉新環境，米奇將一切想得到的需求，全部寫在便利貼上。從 Wifi 密碼、放置零食的地方、洗衣間在哪裡等事項，全都寫得清清楚楚，非常細心。我們後來甚至將他視為 Vamos 隱藏版董事。

① 紅襪 1A 格林威爾驅動 (Greenville Drive)，米奇在比賽中擔任一壘指導教練，2014 年

Mickey Jiang
江肇軒

Phoenix   Scottsdale   San Francisco

米奇對於我們的照顧，就像保母一樣貼心。但協助過的球員從蔣智賢、林哲瑄到林子偉，米奇在日常生活上，就不像照顧小朋友那樣呵護，而是放手讓球員學習獨立，一步一步向前進，習慣美國生活的步調，才能更融入當地。在球場上，米奇除了是球員們的翻譯、教練，更重要的也是心靈導師，不論選手遭遇如何的高低潮，他總是能有智慧地與球員討論分析，並提出自己的意見給選手參考，場內外都給予專業協助。

　　除此之外，米奇也分別在 2007 年與 2013 年見證紅襪隊奪下世界大賽冠軍。儘管兩次冠軍都未有台灣球員名列大聯盟名單，但美國球團認為，球隊能拿冠軍，小聯盟教練與工作人員的努力功不可沒，米奇因而成為第一位拿到兩枚世界大賽冠軍戒的台灣人。

　　儘管長期待在美國，但江肇軒也相當關心台灣棒球的發展。除了能暢談台美棒球環境的差異、選手技術與心理層面的問題，也幾乎年年季末都會回台參與相關的棒球訓練營，幫助台灣各級球員能更了解國外的訓練方式。

① 米奇受到許多球員喜愛，右為馬格特 (Manuel Margot)，現為教士隊選手
② 2014 年前往紅襪 1A 格林威爾驅動採訪林子偉，米奇帶大家去附近爬山

林子偉
Tzu-Wei Lin

　　每次來到紅襪，都很期待能看見林子偉不斷地進步。2015 年，我們就發現他的身材跟心態都有很大的改變。就體型上來看，林子偉在上一個球季結束後，特別加強重訓，2015 年也提前在 2 月就返美自主訓練，並獲邀參加球隊的迷你春訓營（Mini camp）。在身體狀態比以往更好的情況下，林子偉春訓期間也變得更加有自信，甚至首度獲得在大聯盟熱身賽亮相的機會，近距離觀察大聯盟球員的一舉一動，累積每個細小的環節，創造前往更高層級的籌碼，果然在季中就提前躍上紅襪 2A 波特蘭海狗（Portland Sea Dogs）。

　　但事實上，林子偉在 2012 年以高達 209 萬的簽約金，披上紅襪戰袍成為高度矚目的焦點後，旅美生涯並非一路順遂。Vamos 成員最早在青棒時期訪問過他，當時還只是高中生的林子偉，面對鏡頭時略顯緊張與羞澀。2014 年球季遭遇打擊低潮，甚至錯失披上國家隊戰袍的機會，讓林子偉一度耿耿於懷，但我們看見他心態轉變，不像高中時那樣內向，而是正面看待自己的低潮，願意吐露、分享問題。像是對打擊能力沒自信、被要求離開熟悉的內野轉去外野，質疑的聲浪從未間斷過，但他選擇與逆境共處，信靠上帝的帶領，一步一步穩定成長。

更多故事請見

① 林子偉於紅襪 1A 格林
威爾驅動，2014 年

後記｜旅美 5 年，林子偉沒有被這些起起伏伏打倒，反而在經過淬鍊後，對於大聯盟的夢想更加堅定。2017 年 6 月 24 日，他成功登上棒球最高殿堂，是台灣棒球史上第 13 位在大聯盟出賽的球員，不只寫下最年輕野手等多項紀錄，連續猛打賞以及頻頻上演守備美技，讓台灣媒體瘋狂報導，美媒也替他冠上「子海嘯」(Tzunami) 的封號。

但在這些光環加身之前，林子偉的名字也曾一度消失在媒體的報導中，不過 Vamos 沒有遺忘他，透過每年赴美採訪，留下了林子偉的「曾經」。2017 開季前他就表示，相信自己只要把春訓的狀況帶進球季，有希望在擴編的時候站上大聯盟，當時他的聲音特別堅定也充滿自信。

結果劇本超乎眾人預期，林子偉驚喜地在季中就以 2A 球員的身份，越級直升夢想舞台，也瞬間爆紅；他將一切榮耀獻給一路倚靠的上帝，「因為這都是神賜給我的，我一定要把握這個機會，感謝神，榮耀歸祂」。

我們也感謝林子偉這幾年的信任，讓我們用心記錄下的畫面，更添意義。

6

Bradenton

○

布雷登頓

海盜春訓基地

○

除了林子偉之外，2015 年也不斷將榮耀歸給上帝的球員，還有匹茲堡海盜隊的張進德。海盜隊的春訓基地位於佛羅里達州中部的城市布雷登頓（Bradenton），球場原名為麥基奇尼球場（Mckechnie Field），是為了紀念曾任職海盜隊的傳奇棒球人比爾 • 麥基奇尼（Bill Mckechnie）。該球場在 2017 年更名為 LECOM 球場（Lake Erie College of Osteopathic Medicine，伊利湖骨科醫學院球場）。

雖然張進德早在 2011 年就加盟海盜隊，然而因為行程安排，Vamos 成員在先前幾次赴美都未能採訪到張進德。最可惜的是 2014 長征之旅，在美國待了三個月都與阿德擦身而過，結果居然是返台後在桃園機場巧遇。不斷錯過的採訪，終於在 2015 年的行程獲得彌補，Vamos 總算順利來到海盜隊。Ⓥ

Jin-De Jhang
張進德

① 張進德與海盜隊投手廖任磊（左）一同受訪，廖任磊於 2016 年加盟日本職棒讀賣巨人
② 2017 年再訪海盜，我們送食物給阿德（右）。球隊因休息日大門沒開，看起來像是探監

張進德就讀台中高農時，就因天生的打擊威力而令人印象深刻。而他也在 2011 年 6 月一畢業，就受到美國職棒青睞，以捕手身份，與王維中先後加盟海盜隊。2015 年，Vamos 終於來到海盜隊採訪，王維中與翻譯許人傑已轉隊至密爾瓦基釀酒人，甚至靠著規則五選秀，直升大聯盟。

不過張進德並沒有受到太多影響，身為四個弟弟的大哥，不管遭遇任何問題，阿德始終沉穩，也從未忘卻臉上的笑容，專注而堅定，面對肩上的責任，也相信一切都有上帝的帶領。

張進德努力不懈，也讓他多次受到國家隊青睞，2015 年入選在台灣舉辦的第一屆世界 12 強棒球賽，讓阿德有機會再次在家鄉父老面前出賽。而他不負眾望，不僅打擊火力兇猛，更有多次關鍵阻殺，一戰成名，讓台灣球迷親眼看到這幾年他在美國苦練守備的成果。

後記｜2017 年春訓再訪張進德，儘管當時天氣有些許陰冷，但阿德總是開朗地像大太陽。事實上，這一年應該是張進德很有機會的一季，除了首次獲邀參加大聯盟春訓之外，也在熱身賽中開轟，最後卻因傷被下放回小聯盟，甚至錯過開季。儘管與大好機會失之交臂，他仍用一貫積極的態度面對。現在多了老婆、同樣是運動員的前女網職業選手阮庭妃扶持，相信張進德接下來邁向大聯盟的路，不會孤單，也將更有動力。

更多故事請見

7

Phoenix

。

鳳凰城

釀酒人春訓基地

。

離開佛羅里達的葡萄柚聯盟，繼續轉戰亞利桑那的仙人掌聯盟。首站便是密爾瓦基釀酒人的春訓基地，位於鳳凰城（Phoenix）西側，主球場是馬利維爾球場（Maryvale Baseball Park）。Ⓥ

①② 釀酒人春訓基地，
　　共有八個球場
③ 釀酒人球員對台灣媒
　　體相當熱情

王維中
Wei-Chung Wang

在釀酒人基地，除了王維中之外，還意外見到已轉任教練多年的前兄弟洋將葛雷諾，因此安排兩人一起接受訪問。雖然面對鏡頭還是會害羞，但經過一年在大聯盟的歷練後，再次參與大聯盟春訓，王維中說，已經沒有像前一次那樣不知所措，而是知道該做什麼，心態也有所調整，變得更加有自信。

回顧王維中的旅美生涯，似乎一路上話題都不曾間斷。先是原本在 2011 年 6 月就要與張進德一同加盟海盜，但最終因體檢未過合約作廢。所幸球隊看中他的未來性，決定重新簽約，在 10 月正式成為海盜的一員，隨即就在美國進行手肘韌帶重建手術。

2014 年，Vamos 成軍後首次採訪王維中，當時他因為剛被釀酒人以規則五選進、準備站上大聯盟而瞬間爆紅。儘管在台灣已經面對過大批媒體採訪，但面對鏡頭仍舊很不習慣，也不擅於表達自己的想法與心情。從因傷差點旅美夢碎，到海盜願意重新簽約，經過煎熬的復健，最後因為被釀酒人挑走，從新人聯盟直接跳級大聯盟，為旅美台灣球員的首例。王維中戲劇性的棒球生涯，外界覺得是中樂透般的幸運，但我們看到的是他一路以來的努力與成長。

而王維中的轉變，身邊的翻譯 Jay 一路相伴，可說是幕後功臣之一。Jay 的本名是許人傑，在美國就讀大學期間，先後在聖路易紅雀、室內美式足球隊擔任實習生，畢業後因緣際會進入海盜隊，成為張進德、王維中的翻譯。看似一路順利，事實上很多時候都是 Jay 為了熱愛的體育賽事、棒球產業不願輕言放棄，透過毛遂自薦的方式，才得到一次又一次的機會。

規則五
（Rule 5 draft）：
美國職棒大聯盟的選手選秀制度之一，每年 12 月在經理人冬季會議（Winter Meeting of general managers）時進行。該選秀規則開放各大聯盟球隊，可以在小聯盟其他隊中選擇保護名單外的年輕球員。

① 裴翊採訪王維中與葛雷諾（右）
② 王維中於釀酒人春訓基地，2017 年
③ 訪問王維中之前，家梵幫忙整理頭髮

　　這樣自身的經歷也反應在他幫助的選手上，台灣球員前往異鄉打拚，場內、場外都需要花費心力習慣國外生活，Jay 雖然在許多事上都像個保母親力親為，但更多時候，他希望球員學習獨立，就像當初那個為了任何機會而奮力向前衝的自己。當球員不善表達的時候，Jay 不單單只是翻譯，而是像老師、父母般循循善誘，了解選手真正的想法，成為球員與球團、教練團之間的溝通橋梁，幫助彼此的合作能更加順利。因此當王維中因為規則五選秀而被釀酒人挑走時，球團也看見 Jay 的重要性，一併將他帶走，讓許人傑跟著王維中一起越級，直升大聯盟。

　　2015 年 Vamos 前往春訓除了採訪之外，也因為王維中想念家鄉味，加上釀酒人球團安排球員住宿的飯店附設廚房，因此在結束整天工作行程後，一群人又特別跑到超市買菜，準備煮一餐大家都很想念的台灣料理。

　　一夥人切菜備料，交給掌廚的攝影總監阿昶，至於王維中則是開心地在床上打電動，等著期待已久的家常菜。在大家的努力下，最後變出了一桌有台式炒青菜、煎蛋、滷肉的飯桌，儘管沒辦法吃得像在台灣豐富，但對無法在家過年的王維中和 Jay，以及提前開工的 Vamos 來說，大家能聚在一起吃到家鄉料理，已經很滿足。

後記 | 2016 年王維中在 2A 的第一場先發，團隊在賽後採訪葛雷諾時，他不斷稱讚王維中不管在球技或心理層面都成長許多。王維中也自知，不能離開大聯盟太久，因為曾有過機會，要再重返大聯盟，必需比別人付出雙倍的努力。

　　球場上奮戰不懈，面對始終不習慣的攝影鏡頭，王維中在 2017 年也有了極大的突破，這次採訪除了原本熟悉的家梵、咪咕，還多了大前輩潘忠韋，儘管是第一次見面，但兩人在鏡頭前一談起棒球，王維中變得侃侃而談，已經能很有條理地分享自己的想法。球技與想法的純熟，幫助王維中在 2017 年重返大聯盟，睽違三年再登棒球最高殿堂，但這次不同的是，王維中從先發轉為後援，角色轉變、準備方式改變，面對更加高張力的比賽局面，心態也需轉換。

　　從旅美初期至今，王維中就不斷遭遇突發的轉變，後援投手的新挑戰，或許仍要調整、適應，但相信他這次一定能像以往一樣，戰勝新任務。

③

① 咪咕跟家梵在客廳的小桌子上切菜備料
② 王維中在床上打電動
③ 在大家的努力下，變出了一桌有台式炒青菜、煎蛋、滷肉的飯桌。左為翻譯許人傑

更多故事請見

葛雷諾
Epifanio Guerrero

　　來到釀酒人，除了王維中、許人傑之外，我們意外「捕獲」的葛雷諾在 1993 年至 1996 年間曾效力兄弟象，被譽為「游擊魔術師」，是隊史首次三連霸的功臣。儘管離台多年，但他沒有忘記中文，甚至台語也還算流利。葛雷諾 2015 年首次接受 Vamos 採訪時，就用帶有台灣國語的腔調說著自己非常想念台灣球迷，以及隊友王光輝、吳復連、李居明等人。他的真誠可愛，引起台灣球迷熱議，訪問的影片甚至在 Vamos 點閱率排行榜高居第一名，時間長達兩年。

① 葛雷諾曾效力中華職棒兄弟象。照片來源：中華職棒大聯盟
② 葛雷諾（右）接受潘忠韋訪問，2017 年

　　後記｜會講中文的葛雷諾，除了是王維中諮詢的教練外，幽默風趣的他也讓王維中在 2016 年沒有翻譯隨行後，還是有對象可以講中文，能稍稍減輕思鄉之苦。2017 年春訓，當時王維中已經兩年未上大聯盟，他評估球隊大聯盟的狀況後，認為自己可能在後援比較有機會。但一直以來都是先發的他，面對這樣的改變，心中難免會掙扎，不過葛雷諾持續鼓勵王維中，只要有機會再上大聯盟，不管是什麼角色，一定都要學著去嘗試，而不是讓機會白白溜走，幫助王維中擁有更堅定的信心。

更多故事請見

布雷
Tilson Brito

不只葛雷諾，前往美國採訪的這幾年間，除了在異鄉打拚的台灣球員，也曾探望幾位重回家鄉懷抱的老朋友，像是 2012 年時採訪的統一獅前洋將布雷。

　　一生都為了相同的事而奮鬥，但人生來到十字路口的時候，該怎麼選擇？布雷是中華職棒最受歡迎的洋將之一，因為優異的長打能力而受封為「轟天雷」。他於 2009 年決定放下選手身份後，下一步並非留在球場上當教練，而是毅然決然轉換跑道，翻開人生全新的一頁。

　　2012 年前往紐約採訪布雷時，這位超人氣洋將親切依舊，大聲又熱情地在家門口招呼。他從球場退休後，開設了運輸公司，雖然看似一切順利，但起初也經歷過掙扎期。布雷認為從 17 歲開始到結束選手身份，已經打了 20 年的球，足夠了也累了，退休後的「第二人生」，不想再做一樣的事。布雷也透露，退休那年其實仍舊有球隊向他開出合約，但因為想陪家人，所以決定不再打球。或許之後的想法又會轉變，但至少他非常享受現有的生活。只要平常能陪伴妻子，指導兒子練球，就已經感到非常幸福。

　　布雷也用他特殊的中文口音，一一點名小破（劉芙豪）、大餅（林岳平）、嘟嘟（潘威倫）、TAKE（潘武雄）、高志綱、阿鑼（陳連宏）等人，表示很想念統一獅的隊友跟球迷。不僅如此，當初在台灣打球時，依原名諧音所取名的「布雷」，也成為公司的命名由來：布雷運輸（Pulle Transportation LLC）。

① 布雷曾效力中華職棒統一獅。照片來源：中華職棒大聯盟
② 前往布雷（中）家中拜訪，2012 年

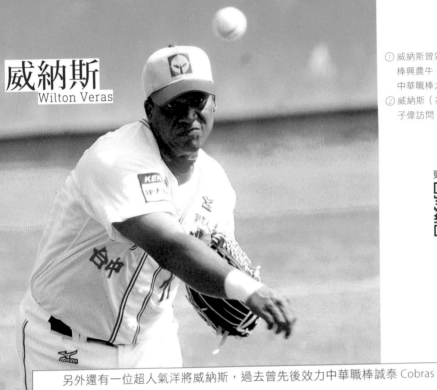

威納斯
Wilton Veras

① 威納斯曾效力中華職
棒興農牛。照片來源：
中華職棒大聯盟
② 威納斯（左）接受林
子偉訪問

更多故事請見

　　另外還有一位超人氣洋將威納斯，過去曾先後效力中華職棒誠泰 Cobras 隊、中信鯨與興農牛隊，由於鎮守三壘防區表現極佳，獲得不少獎項，深受許多球迷喜愛。2012 年他決定卸下球員身份，成為紅襪隊多明尼加棒球學校的打擊教練，2015 年，紅襪隊教練江肇軒發現後，以個人手機協助 Vamos 拍攝下了簡短訪問影片，林子偉更是充當一日記者。

　　威納斯透過鏡頭向台灣的球迷與隊友問好，特別提到最想念的是隊友「LIN」，也就是林益全。他也說，沒想到在美國又會遇到來自台灣的另一個「LIN」，林子偉，並讚賞林子偉雖然年輕，但相當看好他的潛力，相信在不斷地學習下，一定會成為很好的球員。

②

斯科茨代爾

響尾蛇春訓基地

°

　　結束在釀酒人的採訪後，來到的是響尾蛇春訓基地，主
球場是鹽河球場（Sal River Fields），與科羅拉多落磯隊共用。

　　在仙人掌聯盟進行春訓，最有動力、心情也最複雜的
應該就屬響尾蛇的球員了。因為訓練基地距離市區的大聯
盟主場大通球場（Chase Field）開車僅需半小時就能抵達，

① 響尾蛇與洛磯共用的
　 鹽河球場
② 響尾蛇春訓基地設備
　 新穎，連草坪都很高
　 級

夢想似乎非常接近卻又如此遙遠。

　　在這裡，有台灣的兩隻小蛇正在為站上大聯盟打拚，
分別是黃暐傑與林凱威。 ⓥ

① 響尾蛇春訓基地內標
　示各層級球隊的所在
　地，包括與大聯盟主
　場大通球場的距離
② 各個春訓基地都會有
　一座高塔，教練能在
　上方觀察所有球員訓
　練的狀況，高塔下方
　通常會有廁所，球迷
　觀看春訓時也能使用
③④ 鹽河球場因綠能設
　計經常獲獎

　　黃暐傑在台灣體育大學就讀期間便以快速球出名，2014 年加盟響尾蛇，成為隊史首位台灣球員。他隔年就入選未來之星明星賽（All-Star Future Game），是台灣投手在首年球季就入選的第一人。所謂的未來之星明星賽，由美國職棒大聯盟主辦，時間為大聯盟明星賽當週，參賽成員來自小聯盟。對戰的兩支球隊成員為美國選手，與來自其他國家的選手所組成的明星隊。

　　2016 年球季，黃暐傑受到肩傷困擾，表現不如以往。而我們 2017 年再訪黃暐傑，原本還算外向的他卻突然變得不太愛說話，對鏡頭也有些害羞，訓練的時間也拉長，看起來非常忙碌。追問之下才發現，自我要求高的他，因為受傷沒有投出應有的成績，自認沒有被採訪的價值，話才變少。為了趕緊恢復受傷前的狀態，同時要避免再度受傷，加上一直以來都吃不胖的體型，黃暐傑在春訓時，得做的比別人還要多、還要久、還要準確。但也因為經歷這次受傷，他更了解自己的身體狀態，明白該如何去保護，才能在追逐大聯盟的路上，走得更穩。

更多故事請見

① 黃暐傑於春訓基地，2017 年

Wei-Chieh Huang
黄暐傑

Kai-Wei Lin
林凱威

晚黃暐傑一年才加盟響尾蛇的「第二蛇」林凱威，遭遇比黃暐傑更坎坷，一赴美就受到傷勢困擾。但這沒有打倒他，就像是來到小聯盟後，180 公分的身材雖然是全隊最矮小，但反而成為他不斷往上爬的動力。

　　林凱威說，來到美國後，看到這些比他高壯的球員，並不會害怕，取而代之的是興奮、期待與這些球員對決。他沒有因為自身條件不如他人，就失去挑戰大聯盟舞台的勇氣。林凱威認為自己能受到青睞前往美國職棒，就代表與競爭對手的差距不會太大，而是差在努力與否。

　　這樣的決心早在高中就能窺見，林凱威青棒時期就讀的新竹市成德高中並非傳統強權，但他因為在黑豹旗飆出上看 150 公里的球速，而受到矚目。Vamos 成員也在當時就採訪過他，便發現林凱威不只場上實力高出隊友一級，就連口條也讓人印象深刻。

　　高中畢業前，林凱威就為自己訂下了旅美的目標，除了練球也努力學習英文，但跨出第一步與響尾蛇簽下合約後，卻迷失在美國的新鮮事物上，特別喜歡逛街購物。

　　所幸因為受傷的低潮，讓林凱威重新檢視自己，再次回到追夢的軌道，他靠著每天寫下心情日記與「我要上大聯盟」的目標，一次又一次地提醒與激勵自我，往夢想前進的道路上，必須更加專注，才能突破每一次的關卡。

更多故事請見

① 林凱威於春訓基地，2017 年
② 林凱威的手套

9

San Francisco

○

舊金山

吳永盛

○

結束亞利桑那的採訪，開車前往洛杉磯，準備拍攝完楊玉明的籃球學院後，就返回台灣。但在離開美國前發現仍有一天的時間能自由利用，因此在喜愛籃球的總監阿昶建議下，以及楊玉明協助幫忙聯繫後，一群人決定開車殺往舊金山，拍攝旅美籃球員吳永盛在客場出征的狀況。

1996 年出生的吳永盛，國小五年級開始接受正規的籃球訓練，國中進入籃球傳統名校金華國中，並在畢業後選擇隻身前往美國挑戰高中層級，開創台灣籃壇先例。

此行採訪的是吳永盛在畢業前最後的北加州四強賽事。他所效力的盟德特基督高中（Modesto Christian High

① ② 吳永盛進行賽前練習
③ Vamos 趁吳永盛（右二）
暑假回台，進行更深度
的訪問

107

Phoenix   *Scottsdale*   **San Francisco**

School）最後雖然贏球，但在所屬的高中聯盟早已小有名氣的吳永盛，當時因為被對手針對性防守，未能攻下任何分數。不過他在受訪時沒有露出失望的表情，而是以球隊為重，認為贏球比個人表現重要。

除了我們在場邊拍攝，吳永盛寄宿家庭的家人也特別到場為他加油。每天朝夕相處下來，寄宿家庭稱讚他個性非常好，一家人都相當喜歡吳永盛，更透露他不管在比賽或學業上總是全力以赴，即使經過一整天的訓練，回到家仍會將作業完成，吳永盛能在美國打出名氣是他努力過後應得的成績。

國中畢業就前往美國，讓吳永盛在球場上溝通無礙，熟悉美國的訓練與比賽模式後，讓他受到美國大學教練與球探的注意，獲得東華盛頓大學以及沙加緬度州立大學籃球隊的青睞，願意提供吳永盛籃球獎學金，為的是要網羅他加入。這樣成功的例子，也開啟更多籃球員國中畢業後，前往美國挑戰的道路。

Vamos 來回 LA 與舊金山之間 16 小時的車程後，結束 2015 年在美國所有的採訪行程。並趁吳永盛暑假期間返台時，透過更深入的訪問，向球迷介紹這位旅美籃球員。2015 年 9 月，吳永盛決定前往沙加緬度州立大學就讀，成為史上第 1 位正式登陸 NCAA 第 1 級的台灣球員。Ⓥ

更多故事請見

PART 3

2016

跌倒之後再出發

2016 年，全球體壇迎來四年一度的盛事「里約奧運」。Vamos 計畫前往美國時，也希望除了棒球之外，能夠拍攝台灣運動員備戰奧運的狀況。儘管在時間上因為中華職棒已經開打，但裴翊與阿昶仍舊在人力吃緊的情況下，親自飛往美國，並且帶回不同以往的拍攝內容。包括陳偉殷開幕戰、王建民的「魔法學校」、王維中與曾仁和在 2A 出賽、將征戰里約的田徑選手陳傑，以及仍在為奧運參賽資格奮鬥的曾雅妮。

在 4/4 至 4/17 的 14 天內，裴翊與阿昶兩人走訪 5 座球場，見到 6 位台灣選手，跑了 7 座城市，產出將近 10 支的採訪影片。儘管最後在奧克蘭發生遭竊意外，但在驚嚇的情緒過後，所有夥伴仍堅強地認為，只要人員平安，沒有什麼無法重來。器材重新備妥了，就能再往下一站前進。

更多故事請見

1

Miami

。

邁阿密

陳偉殷首度大聯盟開幕戰

。

2016 年，旅美的台灣球員接二連三傳來好消息。最受矚目的是陳偉殷離開巴爾的摩金鶯，轉往邁阿密馬林魚，並成為繼王建民後，第二位在大聯盟開幕戰先發的台灣投手。這樣重要的時刻 Vamos 當然不能錯過，儘管中華職棒已經開打，團隊成員分身乏術，但裴翊和阿昶仍舊親自出馬飛往美國採訪。

邁阿密馬林魚的主場為馬林魚球場（Marlins Park），於 2012 年啟用，是大聯盟球場中第 6 座擁有開闔式屋頂的球場。其設計風格現代新穎，內外皆具巧思。沿著場邊有成排水族箱，中外野全壘打牆也有一處特別的機關，只要馬林魚隊的球員擊出全壘打，裝置藝術就會跟著動起來。左外野後方還設有酒吧與游泳池，時而舉辦比基尼派對。但對台灣球迷來說，最驚喜的就是球場內還設置陳偉殷電梯，歡迎所有球迷去尋寶。

開幕戰當天，裴翊與阿昶在比賽前 5 小時就抵達球場，由於邁阿密當地的華人比例不高，原本兩人並未有太多期待，但到了球場一看，卻見到許多台灣

①② 裴翊除了訪問台灣
球迷，馬林魚當地的
死忠球迷也相當支持
陳偉殷
③④ 球場內的鈴木一朗
與陳偉殷電梯

球迷已經在場外準備要排隊進入球場，為陳偉殷加油。

　　轉戰美國職棒後，陳偉殷首度獲得開幕戰先發的殊榮，當天在全場 3 萬 6911 位球迷的歡呼聲中登場。他賽後透露，自己是以平常心去看待開幕戰，但剛上場的時候，多少還是會有點緊張。陳偉殷最終主投 5 局，被敲出 9 支安打，其中包括一支全壘打，掉了 5 分全是自責分。

　　在他退場後，馬林魚打者先在 6 局下灌進 3 分，第 9 局再靠著一輪猛攻，將比賽逼進延長，也幫助陳偉殷逃脫敗仗。可惜馬林魚牛棚在第 11 局救援失敗，最後以 7 比 8 輸給來訪的老虎。陳偉殷對於沒能幫助球隊拿下開幕戰第一勝感到抱歉，但也向球迷報平安表示強襲球並未對他的左手肘造成太大影響。

　　雖然裴翊與阿昶因為忙著工作，不管在賽前或比賽中，都無法百分之百專注在賽事上，但先是看到大批台灣球迷進場支持，場內各處也發現許多陳偉殷的看板，讓兩人驚喜不斷。

　　陳偉殷在 2016 年球季特別選用台灣天團五月天的歌曲〈將軍令〉作為出場樂，希望讓更多外國球迷認識台灣音樂。

陳偉殷原本在金鶯時，選用的歌曲是周杰倫的〈夢想啟動〉。轉隊後他認為到了新環境，心境有所轉換，希望有不一樣的開始，才決定改用五月天的歌。最後選擇〈將軍令〉，是因為喜歡這首歌在人生上的體悟，歌詞中「你相信什麼，你執著什麼，你就是什麼」，陳偉殷說這和他自己的信念如出一轍，不管做什麼就是加倍努力，持續去做，創造屬於自己的傳奇，因此在聽到這首歌後特別有感觸，也希望透過音樂的力量，幫助自己更加堅定面對每一場比賽。

　　當裴翊與阿昶將陳偉殷出場的畫面與將軍令的音樂傳回時，在台灣的團隊也相當感動。因為這是球員經過許多努力、忍受外界酸言酸語，才能達到的成就，Vamos 一路採訪都看在眼裡。當陳偉殷成功時，也不忘將台灣的音樂推向世界舞台，身為媒體同樣感到驕傲。

　　五月天的成員瑪莎也曾表示，對於陳偉殷選用他們的歌與有榮焉，希望未來有機會可以到邁阿密球場為偉殷加油，也期望彼此可以繼續透過音樂和棒球激勵更多人。

　　來到馬林魚除了陳偉殷之外，也能近距離見到「打擊之神」鈴木一朗。事實上這不是 Vamos 成員首次見到一朗。第一次是在 2010 年的春訓採訪，當時尚在西雅圖水手打拚的高國輝，已連續兩年獲得支援大聯盟的機會。害羞的國輝在裴翊鼓勵下，主動向鈴木一朗打招呼，這位日本傳奇球星也親切詢問國輝是否來自台灣，毫無架子。

　　後記｜2017 年前往馬林魚春訓基地時，發現鈴木一朗與傳聞般相同，在所有球員都練完後，他的訓練仍未結束。只見一朗走進專屬貨櫃，在那個小天地裡，擺著各式各樣的訓練器材，年紀已經超過 40 歲的他，仍舊靈敏地在裡面爬上爬下，繼續做著精實的體能菜單。

① 中外野的裝置藝術
②③ 球場邊的水族箱
④⑤ 陳偉殷遭強襲球擊
　　中，還好無大礙

儘管被譽為「朗神」，但這位日籍巨星對球迷卻相當親切。訓練終於結束、準備離開基地時，在外等待已久的球迷們一擁而上，他也對簽名的要求來者不拒，一一滿足大家的心願。雖然我們整天下來只見到鈴木一朗幾眼，但已經能感受到他對棒球的狂熱，以及身為超級巨星的風範。

　　雖然 2017 年末，鈴木一朗離開了馬林魚，但我們也期待之後的大聯盟採訪之旅，仍能持續看到朗神的身影。

① 高國輝（右）與鈴木一朗打招呼，2010 年
② 採訪馬林魚春訓基地，巧遇鈴木一朗剛結束練習，2017 年
③ 鈴木一朗於開幕戰，2017 年

更多故事請見

陳偉殷
Chen Wei-Yin

2012 年，陳偉殷以 3 年 1133.8 萬美元的合約加盟巴爾的摩金鶯，展開旅美生涯，成為台灣第一位成功從日本職棒轉戰美國職棒大聯盟的球員。2016 年，又以 5 年 8000 萬美元的合約加盟邁阿密馬林魚，超越王建民成為台灣史上年薪最高的旅美球員。

　　Vamos 與陳偉殷會熟識，源自於家梵在他進入國立體育大學的那一年，兩人就因為學姊學弟的關係，累積深厚交情，至今已經 15 年。家梵一路看著陳偉殷攀上顛峰、走過低潮，對他再熟悉不過。不管時空背景如何變換，不論是在日本或美國，這位台灣殷雄對人、對事，始終沒有擺出過超級球星的架子。

　　家梵在 2014 年與裴翊、咪咕成立 Vamos 後，也年年記錄下陳偉殷的旅美點滴。陳偉殷深知在台灣體育媒體圈創業打拚並不容易，因此總在 Vamos 赴美採訪時提供許多協助，也會抽空請大家吃飯。

　　但其實 Vamos 與陳偉殷之間，不單單只是認識多年的前後輩，或是媒體與球員的關係，雙方也是並肩作戰的遊戲盟友。陳偉殷在球場外的興趣很大男孩，除了愛看各種類型的書籍、漫畫與卡通來紓壓，他最常與朋友談起的，其實是某款手機遊戲，後來更與常玩手遊的家梵、咪咕結為聯盟。「盟友」平常因為台美相隔，只能跨海討論。但只要 Vamos 赴美採訪，就會趁陳偉殷訓練完、結束採訪後，馬上檢討剛打完的戰役。陳偉殷不只會玩，也很愛對其他盟友下指導棋，如果有人打得特別爛，也會加入取笑盟友的行列，就像鄰家男孩般毫無距離。

　　儘管長年在海外打拚，陳偉殷也相當關心台灣棒球。自 2012 年起，每年球季結束返台後，都會舉辦棒球訓練營，學員從少棒橫跨到青棒，甚至連乙組球員都曾受惠。每次團隊赴美，陳偉殷都會關切台灣棒球現況，詢問我們該如何讓訓練營越辦越好，希望能幫助到更多愛打球的小孩。

　　對學弟們來說，陳偉殷也是毫無距離的前輩，其中跟他最親近的就是曾仁和與王維中，三人因為同屬波拉斯經紀公司（Boras），球季外時常一起訓練，因而建立起好交情。

　　曾仁和在青棒階段就嶄露頭角、受到許多國外球探鎖定。優異的成績讓他在高三那年，獲選「陳偉殷棒球獎學金」的特別獎。首次與陳偉殷見面，就是在頒獎台上從前輩的手中領取講座，陳偉殷也在會後鼓勵他未來面對大場合、大比賽時，要能夠以平常心去面對，不要因為害怕而怯場。曾仁和也把握機會，在旅外前就時常向前輩討教。2013 年 8 月確定加盟芝加哥小熊隊後，成為陳偉殷經紀公司的學弟。

　　至於王維中，首次見到陳偉殷就沒有這麼幸運了，因為偶像出現在眼前，平常外向活潑無厘頭的他，當下卻緊張到一個字都說不出口。但隨著見面機會變多，王維中漸漸露出本性，不僅開始會打電話給陳偉殷，每次一講都超過一小時，通話的頻繁程度連陳偉殷的太太都吃味，開玩笑要王維中別再打給老公。

　　但也因為一路以來有陳偉殷的陪伴，讓原本外向隨興的王維中有了約束的力量，他曾對媒體表示非常崇拜陳偉殷，幾乎把他當成親哥哥，前輩要他早點睡覺也會乖乖聽話，甚至把陳偉殷的座右銘「一生懸命」繡在手套上。

　　後記｜2017 年王維中重返大聯盟，曾仁和也同在 2017 年球季首次登上棒球最高殿堂，兩人都在第一時間跟最敬愛的學長分享喜悅。陳偉殷也一如往常，持續透過影片，觀看兩人投球的動作後給予建議，成為王維中、曾仁和在美國最強力也最溫暖的後盾。

更多故事請見

① 陳偉殷（右）與王維中（左），馬林魚與釀酒人的比賽相見歡，2017 年
② （右至左）陳偉殷、王維中、曾仁和於經紀公司前留影。照片來源：方祖涵

何紹彬
Shao-Pin Ho

更多故事請見

除了王維中與曾仁和之外，陳偉殷 2017 年起又多了一個要照顧的小老弟，那就是 22 歲的何紹彬。

何紹彬 2016 年以冬季巡迴賽打點獎資格，報名參加中華職棒季中選秀，最後卻以落選收場。為了強化自己，他在 2017 年年初赴美投入加州冬季聯盟賽事，何紹彬遺傳父親（前職棒球員何献凡）的好身手，頻頻展現流暢的守備功力。

原本只是想到國外學習後，回台再拚一次選秀，結果何紹彬在冬季聯盟的舞台上，被邁阿密馬林魚的球探相中，就連球團養成部副總監衛斯特（Brett West）也稱讚他擁有大聯盟等級的守備。

雖然最後是在零簽約金的狀態下加盟馬林魚，但何紹彬不僅如願挑戰職業戰場，更往大聯盟的夢想邁出重要一步。前輩陳偉殷也相當照顧他，不僅在短短的一個月春訓內，多次帶著何紹彬與翻譯出去吃飯，也鼓勵他不是人人都有機會來到美國打球，既然已經拿到門票，接下來一定要多問多看，不要停下學習的腳步。

我們發現，原本在台灣的加盟記者會上相當害羞的何紹彬，到了美國後適應力極佳，在春訓基地見到他時笑得燦爛，非常享受當地的棒球文化，加上有大前輩陳偉殷的照顧與幫忙，旅美第一年已經展現出不同於其他菜鳥的自信。

2

Plant City

◦

普蘭特城

渥佛斯棒球學校

◦

除了陳偉殷在開幕戰先發，另一張台灣「王牌」王建民在 2016 年也頻頻傳出讓球迷振奮的好消息。先是在年初加盟堪薩斯皇家，春訓的好表現更讓他在苦熬 7 年後，終於再度進入開季 25 人名單。

能在季初就重返大聯盟，王建民透露關鍵是在渥佛斯棒球學校（Ron Wolforth's Texas Baseball Ranch）訓練的功

① 渥佛斯棒球學校佛州分校負責人蘇利文
② 渥佛斯棒球學校課程，從看激勵影片開始到個別加強訓練

勞，訓練中心因此爆紅，更被媒體與球迷喻為「魔法學校」。我們從邁阿密開車四小時北上，前往王建民接受訓練的佛州分校（Florida Baseball Ranch），揭密這所神奇的訓練中心是如何幫助王建民東山再起。到現場後才發現這所學校與原本想像不同，除了地點偏僻外，硬體設備其實也很簡單，鐵皮屋加上一片大草皮，選手的訓練、傳接球全都在這裡完成。

分校負責人蘇利文（Randy Sullivan）為我們一一講解課程，讓人意外的是，球員來到現場後，並非隨即展開訓練，而是聚集在一起觀看學院準備的激勵影片。蘇利文解釋，由於大部分球員都曾經歷傷痛問題，並渴望重回巔峰才會前來尋求協助，因此學院希望在課程開始前，能替球員做好心理建設，放下自我懷疑，重新相信自己。

5到10分鐘的影片結束後，便會開始熱身以及個別的投球訓練課程。並依照每位球員不同的狀態量身設計，同時要求選手的每個動作務必要做得扎實準確。教練會在一旁監督所有小細節，評估需要加強、改善的環節。這些課程包

更多故事請見

括學院耗費兩年半研究的力量訓練，幫助學員投球時更有力道，增加球速。另外保護手臂、增加靈活度的緩和訓練，同時也協助肩膀的復健。課程設計充分展現了注重分工與細節的特點，像是肩胛鍛鍊課程的規劃，就是要活用肩胛骨附近的 17 條肌肉，避免球員受傷。

王建民在這裡進行了約 12 周的課程，扣掉假日，每天訓練 4 到 5 小時。負責人蘇利文也協助過王建民的相關課程，幫助他解決肩膀旋轉緊繃的問題，並增加其他部位如臀部的靈活度以及肌力維持。蘇利文稱讚王建民是他看過最謙虛、專注的大聯盟球員，除了完美執行學院開出的課表，甚至在訓練結束後，堅持要自己整理場地，不管在場上或場外，都是讓人尊敬的選手。

除了渥佛斯棒球學校，Vamos 成員在 2010 年也曾前往許多旅美球員傷後復健與自主訓練的第一選擇：位於亞利桑那鳳凰城的費雪中心（Fischer Institute）。該中心除了服務美國職棒、美式足球選手的訓練之外，也提供一般民眾進行復健課程。

王建民與郭泓志等旅美球星，都曾因傷所苦而到費雪中心進行復健。負責人費雪（Brett Fischer）過去曾擔任美式足球聯盟（NFL）、美國職棒大聯盟球隊的物理治療師。中心內來自日本的訓練師、綽號「K2」的菅野惠介不僅協助過王建民、郭泓志復健，也曾造訪台灣，幫助青棒球員。Ⓥ

自費春訓，提昇自我

①②印地安人春訓基地
③春訓期間，休息室外
會張貼所有訓練資訊
與流程，攝於 2017 年

　　對 Vamos 而言，除了採訪在美奮鬥的台灣選手，也願意花費時間前往費雪中心，花費預算到渥佛斯學校等復健或訓練學院，主要是希望讓台灣球迷更了解旅美球員的狀況，希望透過這些影像，幫助台灣棒球朝更好的方向學習、發展。

　　台灣棒壇近年除了旅美球員帶回美式棒球觀念之外，事實上中華職棒也有選手自費赴美，學習美國職棒的訓練方式。國家隊前後任當家鐵捕葉君璋、高志綱就是首批尋路者。他們都認為，美國擁有最新的訓練觀念，多看多學並且融合運用在台灣棒球，才會進步。葉君璋自 2010 年起，開始自費前往克里夫蘭印地安人小聯盟春訓，並於 2012 至 2015 年間擔任印地安人小聯盟教練。高志綱則是在 2011 年與葉君璋一起前往印地安人，進行為期一個月的訓練。

　　印地安人春訓基地位在亞利桑那州，在一片沙漠景致中，球場的草皮鮮綠青翠，看得出球團的用心照顧。但大聯盟球隊並非揮霍支出，在建造球場之前，設計皆經過通盤考量，以達到節省能源的目標。至於室內訓練場地，除了滿滿的健身設備之外，最讓兩位鐵捕驚訝的是，絕大多數的器材是台灣製造，但在自己家鄉卻沒有見過這些設備。而器材在春訓結束後，所屬的小聯盟球隊也能繼續使用，並不會閒置。除了相關器材，這些訓練也與高科技結合。球員所有的練習情況會留下影像紀錄，因此基地裡也擁有影像室（Video Room），讓選手與教練能反覆觀看，找出問題。

　　至於訓練方式，高志綱以他參加的小聯盟春訓為例，選手或教練會在早上八點前

① 每年採訪，印地安人
隊隊職員總是託 Vamos
問候葉君璋近況
②（左至右）阿昶、秋信
守、裴翊、高志綱、
葉君璋，2011 年

就到球場，九點半做操，暖身後才展開一天的練習。而球隊也會將所有資訊張貼在休息室外，讓球員理解一整天的訓練流程。他指出美國的訓練方式一點都不特別，但清楚簡單又易懂，訓練量不求多，而是有效率。除此之外，美國也重視個人化訓練，循序漸進架構球員的身體，教練會替每位選手寫報告，球員能藉此明白自身的優缺點，針對較弱的環節作加強，訓練起來更有目標。相較之下，台灣在訓練時重視的是「量」，考驗球員意志力、忍耐程度，也較無個人化的訓練，全隊只分投、打帶開練，但每位球員的狀況不同、問題也不一樣，此種作法會造成訓練的效率低落。另外在球員受傷時，球隊的復健制度也相當完善，不會讓選手自己面對，而是把球員視為資產，提供專業團隊協助，讓球員能無後顧之憂專心復健。

葉君璋、高志綱自費赴美訓練，除了為即將開賽的球季做足準備，為台灣棒球帶來更多實用與新穎的觀念，同時也結交到不少朋友。像是 2006 至 2012 年之間效力印地安人的韓國強打秋信守，就很照顧葉君璋與高志綱，一夥人常聚在一起吃飯。2011年，連我們都幸運受邀前往用餐，秋信守不但大方請客，甚至親自烤肉給大家吃，毫無明星架子。

後記｜雖然葉君璋已經在 2015 年返台，但因為在印地安人效力多年，我們每年赴美採訪，球隊隊職員只要聽到是來自台灣的媒體，除了會熱情歡迎，也會拜託我們回台一定要跟葉君璋打招呼，顯見他先前在球隊建立的好人緣。

3

Orlando

○

奧蘭多

曾雅妮

○

　　2016 年，王建民東山再起，除了球迷振奮，也有許多深陷低潮的球員受到他的鼓勵，前世界球后曾雅妮就是其中一人。曾雅妮在 2008 年進入 LPGA（美國女子職業高爾夫協會）後，一路順遂往高峰邁進，並在 2011 年狂掃 12 勝，站上世界球后寶座長達 109 周之久，成為 LPGA 史上第 6 位球后，也是台灣第一人，相當風光。

　　可惜球后的位置並不好坐，曾雅妮在 2012 年贏得起亞菁英賽後，受到心理因素影響，陷入低潮，不僅一冠難求，狀況更是一年比一年還糟。儘管在 2015 年球季尾聲曾一度好轉，卻仍未幫助她走出低谷。

　　2016 年的前 7 場比賽中，有 3 場遭淘汰，其餘 4 場最佳成績也僅並列第 60。4 月初在 ANA 全日空高球賽被淘汰後，曾雅妮接受 Vamos 訪問。當時我們剛結束在魔法學校的採訪，再度北上前往車程一小時的奧蘭多。原本擔心曾雅妮會因為近況不佳婉拒訪問，結果她在受訪時卻侃侃而談，敞開心房，甚至在

鏡頭前流下眼淚。

　　曾雅妮在採訪一開始透露，她對自己這幾場比賽的表現很意外。原本認為今年的準備，不管在身體上或心理層面，都比過去兩三年要來得更好，甚至一度期待自己能參加里約奧運。但所交出的成績單卻比往年還差，這讓原本充滿自信的她，更加失望難過。

　　儘管口中說著，這大概是打球生涯中最痛苦的時刻，但曾雅妮仍舊面帶微笑，這讓裴翊心疼地詢問雅妮怎麼還有辦法這麼堅強。原本平靜的妮妮，聽到裴翊這麼一問後，終於忍不住哽咽表示，其實因為太過悲傷已經一周沒練球，甚至連球桿都不敢碰。

她解釋自己的心裡其實很疲憊，因為不管練球的狀況再好，每次一到比賽場上就是無法正常發揮。打得好，會擔心自己可能無法維持；打得不好的時候，就會煩惱如果打得更不好該怎麼辦，對自己完全失去信心。儘管有不少人建議妮妮該適時休息，但她認為在哪裡跌倒就該學習在哪裡站起來，所以堅持在球場上突破這個心魔。

下了球場，曾雅妮會玩樂高，也開始登山，希望多做一些有成就感的事情，幫助自己恢復信心。在這樣的過程之中，就會覺得不管任何事，只要一步一步慢慢來，就會出現好的成果。妮妮也以剛重返大聯盟的王建民為例，當他堅持尋求機會時，會有聲音認為他辦不到，但王建民證明了其他人是錯的。曾雅妮認為這激勵許多運動員，甚至是一般人，都一定能被這樣的精神鼓舞。

但妮妮也坦言，曾經問過自己是否有能力重回巔峰，這個問題卻讓她感到害怕，因為過去在 LPGA 沒有人做到。但她後來轉念一想，或許自己就是第一個成功的球員，並期許自己只要有一絲希望都不能放棄。

雅妮成名甚早，在年輕時就達到極高的成就，儘管遭遇生涯最大低潮，仍願意將自己最真實的一面與大家分享，裴翊除了感謝，也相當心疼她的堅強，希望妮妮能夠盡快重回巔峰之外，也祝福她可以再次享受高爾夫、享受比賽。Ⓥ

① 裴翊採訪「曾雅妮裙擺搖搖高球訓練營」，2015 年

更多故事請見

4

Biloxi

◦

比洛克西

狗吠火車連線

◦

　　此次美國行，只有裴翊跟阿昶兩人前往，但採訪行程依舊滿檔。雖然人力吃緊，仍規劃了不同以往的報導方式。那就是與在台灣直播「狗吠火車」節目的團隊即時連線，向球迷傳達美國第一手消息。

　　狗吠火車是 Vamos Sports 的自製節目，2015 年 4 月開播，每周一晚間八點在 Youtube 和 Facebook 同步直播。台灣的政論節目不勝枚舉，但以棒球為主題的談話節目，Vamos 可謂首創。在一小時的節目內容中，由當家主持人楊政典主播，與棒球業界專業人士，如棒球記者、球評、經紀人等，一起討論棒壇大小事，希望藉著「狗吠火車」的發聲，帶來影響力，喚起更多人的重視。

　　這是我們第一次遇到在狗吠火車開播後，仍有成員在美國採訪春訓。因此決定嘗試台美連線，再次為球迷帶來全新的觀看模式。雖然實際連線時間約半小時，但事前準備工程浩大。節目直播前幾天，就得不斷測試訊號與連線軟體，確保不會出任何差錯。

直播以前，裴翊跟阿昶還先至釀酒人 2A 球隊，位於密西西比的比洛克西貝殼（Biloxi Shuckers），採訪 2016 年球季王維中的首場先發。此役王維中主投 5.2 局，最後結果雖然無關勝敗，但他的成長展露無疑，連教練葛雷諾都用中文表示：「他丟很好！」王維中在賽後受訪時表示自己比以往專注，還邀請台灣球迷去當地看球，並且開玩笑說葛雷諾會出機票。

直播連線內容除了王維中首場先發戰況，也花了許多時間討論裴翊先前採訪魔法學校的情況，以及台美棒球訓練不同的面向。因為時差的關係，裴翊得在美國當地時間早上六點前就開始梳妝準備，儘管在行程滿檔的情況下，必須早起準備，結束連線後也只有幾個小時能補眠，就要風塵僕僕準備前往下一個行程，但所幸過程順利，對於能即時傳回美國的採訪內容，覺得非常充實開心。Ⓥ

① 前往釀酒人 2A 比洛克西貝殼採訪王維中（左），葛雷諾（右）任打擊教練
② 比洛克西－台北連線，討論棒球學校的訓練

更多故事請見

5

Hattiesburg

o

哈蒂斯堡

陳傑

o

2016 體壇最大盛事非里約奧運莫屬，這趟美國行，我們也特地開車 3.5 小時來到位於密西西比的哈蒂斯堡（Hattiesburg），採訪中華隊國手陳傑的備戰狀態。

陳傑於 1992 年生於台中市，為原住民阿美族人。他出身運動世家，爸爸是前 110 公尺跨欄國手陳光明。陳傑雖然起步比別人晚，國小打的是手球，直到高中才開始接受田徑正規訓練，但靠著辛勤苦練，加上遺傳父親的運動細胞，進步飛快，屢創佳績。

2012 年，年僅 20 歲的陳傑，投入正式訓練不過 4 年就取得奧運參賽資格，代表國家隊出戰倫敦。2014 年，陳傑在仁川亞運 400 公尺跨欄決賽名列第五，成績不如預期。他檢討失利原因，是因為太在意輸贏，得失心過重。2016 年，陳傑再度達標奧運資格。他決定前往美國南密西西比大學訓練，接受史都華教練的指導。陳傑認為，在美國的訓練比較細，質量也較高，史都華教練幫助他

排解壓力，只需要專心在加強自己，不用煩惱其他事務。

　　結束訓練，陳傑也繼續充實自己。除了親自下廚、吃得更健康之外，也利用時間靠著看電影學英文。可見陳傑場上場下的自我要求都很高，甚至連史都華也認為自己受到陳傑的啟發，讓他成為更好的教練。

　　裴翊也發現陳傑在這樣的全英文環境中，適應得很快，是一位目標明確的球員。他不僅能夠清楚講出心裡想法，上了場也是心態堅定、深具力量的選手，陳傑也從來不諱言，這一切的力量來自上帝，信仰幫助他不輕易被恐懼或緊張擊敗。儘管採訪時間不長，我們卻能深切感受到他正面的能量。

　　其實陳傑不僅在田徑場上表現出色，過去跟棒球也曾有一段淵源。因為欣賞台灣巨砲陳金鋒，加上對棒球也有興趣，家人一度想將他送往鋒哥的母校善化國小。儘管最後沒有走上棒球這條路，但也因為田徑的關係，來到美國訓練，

帶著陳金鋒對棒球的執著，繼續為自己的田徑生命拚戰不懈。

更多故事請見

後記｜採訪後不久，陳傑於 2016 年 5 月轉往美國知名運動訓練中心 IMG 學院（IME Academy）。2017 年 8 月，世界大學運動會由臺北舉辦，陳傑在自家主場 400 公尺跨欄項目奪得銀牌，平個人最佳紀錄。Ⓥ

6

Auckland

◦

奧克蘭

奧克蘭競技場

◦

　　意外總是來得措手不及，但只要人還平安，沒有什麼事無法重來。這趟美國行，壓軸登場的採訪行程是王建民。他重返大聯盟後，隨皇家隊作客運動家，我們也從東岸飛往西岸的奧克蘭。為了提前備戰最後一個訪問，裴翊跟阿昶一早就出發前往球場。

　　兩人在抵達奧克蘭競技場（Oakland Coliseum）前，先是轉往附近的速食店購買早餐，原本想著買完就要趕緊上車，到了球場放下器材後，再安心享用早點。但人算不如天算，兩人離開不過短短 10 分鐘，再回車上先是發現車窗被敲破，掛在前座用來導航的 iPad 不翼而飛，錯愕不已的裴翊與阿昶，趕緊走進車內一看，就連副駕駛座下的包包也同樣遭竊。包包裡裝著的是一台筆電、一台單眼相機、一顆長鏡頭，以及全新的無線麥克風組，一台自動相機、兩個行動電源和兩台運動攝影機。

　　除了財務損失近 20 萬台幣，最讓大夥心痛的是，此行拍攝的照片與過去 2

年的工作資料，全都跟著失竊的硬碟不翼而飛。不幸中的大幸是，拍攝影片用的高階攝影機，與大部份的器材都放在後車廂，才沒有成為歹徒的囊中物。

意外發生的當下，裴翊跟阿昶迅速對外求助。透過紅襪隊的教練江肇軒跨洲電話遙控指示，兩人先回到速食店，在店員的協助下報警處理，再忍著悲憤的情緒前往租車公司換車後，又趕往賣場購入一台類單眼相機，重新振作到球場繼續完成採訪工作。

這次的意外甚至上了不少台灣媒體版面，雖然損失慘重，但同時也收到很多關心。除了一到球場後，其他媒體同業溫暖地詢問處理進度外，在各地的朋友們透過新聞得知消息時，也傳了許多關心訊息，合作廠商 GARMIN 甚至二話不說，馬上又送來兩台 GARMIN VIRB 運動攝影機。

Vamos 小提醒

租車公司員工透露，奧克蘭雖然鄰近舊金山，但治安並不理想。尤其是案發現場的奧克蘭球場附近，很常發生這類擊破車窗的竊案。建議如果想買早餐，不要下車，而是改用得來速，否則就是要將車上物品清空，隨身攜帶。

雖然在採訪王建民前蒙受巨大損失，但振作精神、補足裝備之後，我們仍然順利抵達球場。這場皇家作客奧克蘭的比賽，王建民最終並未上場，球隊則是以 3 比 5 輸球。我們也結束這次的採訪，離開美國。Ⓥ

① 車窗遭擊破，原本放在駕駛座前的 iPad 不翼而飛，副駕駛座下的包包也同樣遭竊，財務損失逾台幣 20 萬
② 意外發生後，裴翊迅速對外求助
③ 2016 年讓我們心碎的奧克蘭運動家

王建民
Chien-Ming Wang

① 王建民在 2010-2012 年效力華盛頓國民

② 王建民於 2014-2015 年於亞特蘭大勇士，受訪前耐心等待採訪團隊整理器材

③ 洋基短期 1A 史坦頓島洋基的球場內，還能看到牆上掛有王建民當年的照片

④ 2016 年，王建民與皇家簽下合約重返大聯盟

　　王建民自 2000 年赴美加盟紐約洋基後，走過高峰與低谷，曾連續兩年拿下單季 19 勝，也因傷所苦，經歷幾次轉隊。但他始終如一，透過每一次的採訪，我們也看見王建民在沉穩外表下可愛的一面。

　　我們是在 2009 年首次採訪到這位超級王牌，當時他已經被譽為「台灣之光」多年，因此第一次訪問前大家都有點緊張。不過王建民卻親切問候，沒有王牌投手的架子，對於所有採訪也有問必答，全程以獨特的「王式風格」緩慢但誠懇地說出答案，就算講到激動處也不會有明顯的情緒，讓人印象深刻。

2015 年春訓，Vamos 赴亞特蘭大勇士採訪王建民。媒體在球場採訪的常規是，等待選手完成所有練習才詢問球員是否能接受採訪。因此，我們在拍完王建民某階段的訓練後，本以為要再等待個幾小時才能進行訪問。不過，王建民卻在球場練習完，準備要進室內練習前，跑來對我們表示他可以利用現在的空檔接受訪問。這讓我們又驚又喜，喜的是能提前進行採訪，省去漫長等待，驚的是因為沒想到王建民如此貼心。由於當下我們還沒來得及整理拍攝的設備、換上採訪球員的器材，但王建民仍願意等待，讓我們做好準備再進行訪問。甚至在結束訪問後，還會閒話家常幾句，在在看出他隨和的一面。

更多故事請見

① 王建民在場邊傳接球

PART 4

2017

一個都不能少

Vamos Sports 翊起運動創立後，每年赴美採訪都規劃不同的方式。2017 年，除了咪咕、家梵，更有新成員加入。包括新進員工吳書瑜，負責攝影與剪輯；另外更邀請球評潘忠韋以職業球員的角度分析春訓；前聯合晚報記者吳婷雯也同行，一同記錄赴美採訪的點滴。

本次春訓行程的重點，就是要訪問到所有旅美台灣棒球員。我們在 3/20 出發後，先在亞利桑那採訪王維中、林家正、黃暐傑、林凱威、曾仁和、李其峰、郭泓志、宋文華、張育成、朱立人、陳品學、江少慶、李振昌。轉往佛羅里達，又陸續訪問了陳偉殷、何紹彬、林子偉、胡智為、張進德。克服人力與時間的限制，總共採訪了 18 位選手，首度完成一個旅美棒球員都沒有少的目標。

在春訓結束後，更北上華盛頓特區與紐約，記錄大聯盟開幕戰與陳偉殷首安。三周內跑了 16 座城市，走訪 14 座球場，累積超過 25 支採訪影片。

更多故事請見

1

Beginning

○

起點

Vamos 爸爸潘忠韋

2017 春訓之旅新成員「喇叭」潘忠韋，在 2001 年展開職業球員生涯，先後效力台灣大聯盟高屏雷公、中華職棒第一金剛與 La New 熊隊。2010 年結束選手身份後，曾做過房屋仲介，最後選擇重回棒球的懷抱，現在除了是 FOX 體育台球評，也時常受邀擔任 Vamos 狗吠火車的節目來賓。

此次春訓之旅，潘忠韋便以專業的球評角度，深入訪問每位球員，留下許多精彩的對談。例如在採訪王維中之前，喇叭事先就評估認為密爾瓦基釀酒人隊的牛棚缺乏左投，因此在訪問中特別針對這件事，詢問王維中是否能接受由先發轉為後援投手。王維中對於前輩精準的觀察有些驚訝，因為恰巧在受訪前兩天，他才與教練葛雷諾討論這個問題，球團也告知王維中新球季的身份會是從牛棚出發。潘忠韋在採訪前的準備有多充分，在跟球員的訪問中就能看出。

但其實喇叭不只對採訪工作認真，一路上從抬行李、注意團隊的安全到為大家買好早餐，在在都能看出體型壯碩的他，其實相當細心體貼，對待家人更

是超級溫柔。在美國的每一天，喇叭都跟女兒視訊至少兩次，不管是在車上、飯店或是正在逛街吃飯，只要有空，早晚都會跟家人報平安。🆅

① ②潘忠韋對每個人照
顧有佳，從抬行李到
剝蝦烤肉都服務到家
③潘忠韋以職業球員的
角度分析春訓

2

Beginning

。

鳳凰城

亞利桑那州立大學

。

　　除了「蒐集」所有正在進行春訓的台灣棒球員，我們
也規劃了一個新的採訪行程，那就是前往亞利桑那州立大
學（Arizona State University）採訪林家正，他也是此行唯
一的非職業棒球選手。

　　我們在行前規劃時，便已先聯絡林家正，並與所屬球隊提出採訪申請。但前往亞利桑那州立大學棒球場前，恰巧遇上王維中要進牛棚練投。最後只好兵分兩路，家梵、咪咕、喇叭留守釀酒人春訓基地採訪王維中，另一組人馬婷雯跟書瑜則前往訪問林家正。

　　亞利桑那州立大學的太陽魔鬼球場（Sun Devil），過去曾是芝加哥小熊隊與奧克蘭運動家的春訓基地，因此球場設備完善。球場硬體規格高級，球隊面對來訪記者也十分周到。球隊公關隨著林家正出現時，不僅一開始就說明球隊當日行程，哪些區域可拍攝、哪些地方禁止進入，也都明確告知。

　　驚喜的是，在林家正的提議下，球隊公關也安排我們進入球員休息室攝影。由於一般職業球隊春訓基地的球場內部是記者無法進入的區域，因此這也是團隊全新的經驗。走進休息室才發現，這座大學球場內部可說是應有盡有，從採訪室、可自行取用食物的廚房、理髮室到讀書室，想要剪頭髮、念書寫功課，都可以在這裡完成。

　　休息室內也特別劃分出一道時光走廊與展示區，專門呈現傑出校友在校時期與大聯盟的特殊紀錄，如前巨人隊強打貝瑞‧邦茲（Barry Bonds）。外野高

懸的榮譽榜，也能見到貝瑞‧邦茲、紅襪明星二壘手達斯汀‧佩卓亞（Dustin Pedroia）、道奇右外野手安德烈‧伊希爾（Andre Ethier）等人的名字與背號。因為大聯盟校友表現傑出，球隊更自稱是「大聯盟大學」。

　　另一頭的展示櫃也相當引人注目，裡面放著多雙球鞋、數件球衣，全都是這些大學球員每年會收到的贊助，球隊特別呈列出來，可見這所大學球隊從環境到資源樣樣都不輸職業球隊。Ⓥ

①② 球場外野高掛傑出
　　校友的背號與名字
③ 愛迪達整年贊助裝備
　　的展示櫃
④ 休息室內附剪髮室
⑤ 棒球隊結束訓練後，
　　隨即進行練習賽

更多故事請見

林家正
Lyle Lin

　　林家正青棒階段曾就讀棒球傳統名校穀保家商，守備位置為捕手。高一下學期他毅然決然單獨赴美，面對不同語言、文化的挑戰，他必須同時兼顧學業與球技。在努力與堅持下，2016 年林家正獲得西雅圖水手青睞，成為第一位在大聯盟選秀中被挑中的台灣球員。

　　然而經過多方考慮後，他決定放棄簽約，先進入大學就讀。林家正對未來有著明確規劃，除了想繼續學業、精進球技，更重要的是希望能在大聯盟選秀會上爭取更前面的順位，提高身價。但面對美國大學球隊的強度與競爭，林家正也坦言築夢的過程非常辛苦，超乎原本預期。不過在家人的支持下，他相信自己一定能做到。

　　林家正雖然未滿 20 歲，但或許是受到美式教育影響，初次見面就能感受到他的熱情有禮。採訪過程中，應對媒體口條流利，態度成熟穩重。即使我們已經採訪過無數年輕球員，但林家正仍讓人印象深刻。

更多故事請見

① 林家正在休息室前接受訪問

除了林家正，亞利桑那州立大學還有一位來自台灣的高爾夫球員，是近年在國家隊時常看見的身影──2014 仁川亞運與 2017 世大運銅牌得主俞俊安。在我們前去採訪林家正之前，當地媒體安排這兩位台灣運動員一起接受訪問，林家正透露雖然是大學棒球隊，但他們受到新聞媒體的關注度相當高，顯見美國大學運動發展的成熟。

俞俊安小時候因為父親開設練習場而接觸高爾夫，在爸爸擔任啟蒙教練的協助下，「小安」很快就展現了對高球的天分，在各大戰場甚至是國際賽中，不斷揮出佳績。2014 年仁川亞運，年僅 16 歲的俞俊安為中華隊打下個人銅牌與團體金牌，也在旅美前輩潘政琮的影響下，決定在高中畢業後，前往美國就讀大學。

面對生涯規劃大轉彎，俞俊安在短時間內，靠著過人的意志力沒日沒夜地準備相關檢定，儘管頭幾次都因為只差幾分而未達門檻，但他並沒有放棄。從開始準備到考

過托福，花費一年的時間後終於取得證書，並於 2017 年年初赴美留學。儘管在亞利桑那州立大學打球的期間，同時要兼顧繁重的課業壓力，但是他仍選擇向學校請假一周，返台投入臺北世大運的賽事，並在身體狀況不佳的情形下，為中華隊留住銅牌。

雖然身為高爾夫球選手，但事實上，俞俊安跟棒球圈也有不少淵源。他曾於 2014 年受邀參加早產兒公益高爾夫球賽，因而與中華職棒球星高志綱等人結識，當時同場揮桿的王建民也在俞俊安旅美後，曾邀他一起吃飯，可說非常受到棒球圈人士的照顧。

更多故事請見

① 俞俊安（左）與林家正（右）
② 俞俊安為了代表國家隊參加臺北世大運，特別向亞利桑那大學請假

俞俊安
Chun-An YU

3

Mesa

○

梅薩

小熊春訓基地

○

　　除了同時採訪林家正與王維中，另一次兵分兩路是碰到曾仁和與郭泓志在同一天登板。於是一夥人又拆成兩組，婷雯跟書瑜負責到小熊春訓基地，家梵、咪咕與喇叭則是驅車趕往教士。

　　小熊隊的春訓基地位於梅薩，主球場史洛恩球場（Sloan Park）於 2014 年啟用。事實上，一直到 2013 年以前，小熊隊的春訓基地是在距史洛恩球場不遠處的霍霍坎體育場（Hohokam Stadium），目前為奧克蘭運動家的春訓基地。

　　婷雯、書瑜剛踏進基地不久，就先瞄到日籍球星川崎宗則在一片綠草地上練球，而在找到準備先發的曾仁和之前，卻發現有人來得更早——那就是一身輕便的王維中，他在上午練完球後，開車來探學弟的班。

　　旅美球員每年飛過半個地球來到美國，春訓期間還算容易見到其他台灣選手。等到球季開始，就要飛往不同聯盟、不同州，別說見上一面，有時甚至連時區都不同，想打個電話都很難。所以大家都會把握春訓的時間見面吃飯。

　　但對於鬼點子很多的王維中來說，他到球場不只是探班、閒聊這麼簡單。調皮的他在曾仁和結束比賽後，不斷拿著手機直播曾仁和的一舉一動，甚至拿起媒體的攝影機嘗試拍攝，鬧得曾仁和好笑又無奈。Ⓥ

① ② ③ 小熊春訓基地主
　球場史洛恩球場，牆
　上能看見球隊吉祥物
　的演變
④ 小熊隊球員在開始訓
　練前的集合
⑤ ⑥ 王維中結束上午的
　訓練後，到小熊春訓
　基地探班曾仁和，拿
　起媒體的攝影機拍攝

曾仁和
Jen-Ho Tseng

曾仁和，外號「土虱」，就讀三民高中時期，就是赫赫有名的強投，也多次在國際賽戰場上扮演重要角色，早已是大聯盟球探鎖定的目標。2012年土虱越級打怪，以青棒選手的身份先後入選成棒等級的經典賽資格賽，與2013年經典賽。他在高中畢業後不久，就拿到赴美的機票，加入芝加哥小熊，並與陳偉殷、王維中同屬波拉斯經紀公司。曾仁和在小聯盟穩定成長，每年都順利地往更高層級邁進。

但2017年季初，球隊認為曾仁和有許多環節需要加強，因此仍舊分配他到2A再磨練。雖然未能升上3A，但他並不急於表現，與其爬升太快，土虱寧願選擇穩紮穩打。他受訪時就說，只要掌握好自己的節奏、一步一步來，說不定就因為表現平穩而獲得上大聯盟的機會。果然正如他所言，曾仁和實現了一年比一年高階的心願，先是在季中升上3A，更在季末獲得小聯盟年度最佳投手獎。

① 2014年，曾仁和與王維中在小聯盟1A相遇，Vamos要鮮少合照的兩人挑戰一同自拍
② 曾仁和私下愛笑又健談

更多故事請見

不過土虱在 2017 年的驚奇還沒結束，為了領獎，他在小聯盟球季結束後飛到芝加哥，原本以為領完獎就能準備回台灣，結果卻先領到一張大聯盟先發的門票。儘管初登板迎戰紐約大都會時，緊張全寫在臉上，主投 3 局失 5 分，但最後幸運逃過敗投。經歷人生第一場大聯盟先發後，曾仁和隔天在小熊隊主場領取小聯盟年度最佳投手獎，他為此提前買好了一套西裝，價值一萬塊，但球隊卻說穿球衣領獎就可以了。土虱受訪時生動的描述，也逗得我們哈哈大笑。

團隊從曾仁和高中時採訪至今，看著他從青澀的大男孩搖身一變成為大聯盟球員。但他愛笑、健談的個性，卻仍舊沒有改變，對所有人親切有禮，對於棒球也依然像當初那位高中生一樣，充滿往前衝的幹勁。

①曾仁和先發當日，大螢幕秀出相關資訊
②曾仁和於芝加哥小熊隊先發當天，照片出現在大螢幕上

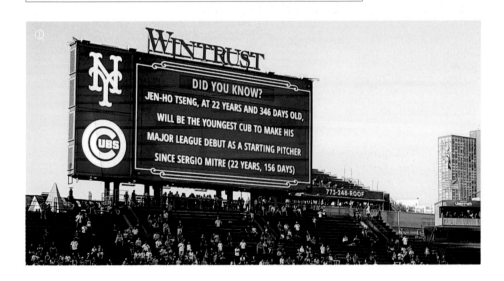

李其峰
Chi-Feng Lee

　　曾仁和、王維中這對哥倆好聚在一起耍寶時，2017 年球季展開第一次春訓的李其峰也在一旁，看著兩個可愛的學長傻笑。

　　原是游擊手的李其峰，高中就讀興大附農，因隊上投手短缺而改練投手。結果表現超出預期，不只出賽機會增加，更是一練就成王牌投手，在高三時投出 145 公里的球速。儘管後來因傷出賽機會銳減，但小熊隊仍看好他的未來性，在 2016 年與李其峰簽下合約，並且負擔他後續進行右手肘韌帶重建手術與復健等全數醫療費用。

　　雖然菜鳥年就動刀，只能在枯燥乏味的復健中度過，但李

其峰在美國還不算太孤單,身為前輩的曾仁和除了跟他聊天、開玩笑之外,也時常帶著學弟外出吃飯,不讓他躲在房間裡啃泡麵。

在開刀、復原這段期間,最常陪伴李其峰的就是防護員兼翻譯鄭宏彥。鄭宏彥是在 2014 年赴美,原本在海盜隊協助陽耀勳、廖任磊與張進德,2015 年轉往小熊隊負責曾仁和。來到新東家隔年,球隊就拿下世界大賽冠軍,儘管當時陣中沒有台灣球員入列,但依美國職棒的想法,認為這是球團上下共同努力的成果,因此從小聯盟到大聯盟的教練、防護員、工作人員都能拿到世界大賽冠軍戒,鄭宏彥就成為少數擁有世界大賽冠軍戒的台灣人。

2017 年因為李其鋒受傷,鄭宏彥除了必須待在春訓基地照顧這隻小熊外,偶爾也需前往 2A 跟 3A 關心曾仁和,在蠟燭兩頭燒的情況下,鄭宏彥的第一個寶寶選擇在這時候報到,原本以為小聯盟球季結束就能鬆一口氣,但隨著曾仁和被叫上大聯盟,鄭宏彥也一併飛往芝加哥,陪伴他走過第一次登上大聯盟的難忘時刻。

鄭宏彥因為英文能力佳,加上擁有防護員的專業,在旅美球員間相當搶手,曾仁和與李其峰也相當感謝他一路上的陪伴跟幫忙。但他不只照顧自家球員,Vamos 前往亞利桑那採訪期間,也給予不少協助。甚至後來因為婷雯的介紹而認識高爾夫選手俞俊安後,小安只要在身體恢復或訓練上有任何疑問,鄭宏彥也非常樂意在工作外的時間,提供義務協助,成為旅美球員的最佳夥伴。

① 翻譯鄭宏彥(左)與曾仁和(右)

在小熊春訓基地除了採訪旅美台灣球員，也巧遇前洋投、喇叭老隊友羅銳（Andrew Jason Lorraine）。他在 2007 至 08 年效力 LaNew 熊，離開中華職棒後，曾遊走於委內瑞拉與獨立聯盟。2010 年，羅銳卸下球員身份，成為西雅圖水手隊小聯盟投手教練。2016 年轉往匹茲堡海盜後改任球探。2017 年的世界棒球經典賽，他擔任以色列的投手教練，當時就在韓國首爾見到前隊友陳金鋒與林智勝。回到美國又與潘忠韋巧遇，讓羅銳直呼一定要找時間再回台灣看看。

川崎宗則

① 羅銳曾效力中華職棒
LaNew 熊。照片來源：
中華職棒大聯盟
② 喇叭與老隊友羅銳
③ 川崎宗則於熱身賽
④ 結束訓練的川崎宗則
以中文向我們打招呼

採訪告一段落，我們聚在球場旁與曾仁和閒聊，結束訓練的川崎宗則正好經過，一看到來自台灣的媒體向他打招呼，就一股腦地講出所有知道的中文單字，從「你好、謝謝、辛苦了」，臨走之前又補上一句「再見」。

川崎宗則曾效力日本職棒福岡軟體銀行鷹，並在 2011 年隨隊來台參加亞洲職棒大賽。當時在現場採訪的咪咕說，川崎出席簽名會活動時，會看著每位球迷的眼睛說謝謝，在球場看到工作人員，也會親切地向大家說辛苦了。2012 年川崎宗則轉戰美國職棒，搞笑與樂天的個性，讓他的人氣居高不下。

只是如此近距離接觸到他的親切幽默，未來可能沒有機會在美國重現。因為我們在遇到他不久後，小熊就宣布釋出川崎宗則。而一直堅持在美國追夢的他，也做出了重返日本職棒的決定，結束精彩的旅美生涯。

2016 世界大賽重演

在小熊春訓基地除了採訪曾仁和、李其峰之外，托朱立人支援大聯盟的福，我們也踏進小熊主球場，觀看印地安人作客小熊的熱身賽。書瑜在印地安人休息室旁的攝影席拍照時，也觀察到這些大聯盟球星都相當親切，對於球迷要求來者不拒，總教練甚至花了最多時間「工商服務」。而這場熱身賽的雙方球員，除了朱立人在比賽後半段上場蹲捕之外，小熊也有日籍球星川崎宗則，同樣來自亞洲的兩人也特別向彼此問好。Ⓥ

①～④小熊於 2016 年奪冠，熱身賽的氣氛非常熱烈，球迷極為捧場
⑤印地安人作客小熊重演2016 年世界大賽對戰
⑥⑦朱立人獲得支援大聯盟熱身賽的機會，與川崎宗則同場出賽

4

Peoria

○

皮奧里亞

教士春訓基地

○

　　聖地牙哥教士隊的春訓基地是位於鳳凰城郊區的皮奧里亞體育中心（Peoria Sports Complex），自 1994 年啟用以來，就由教士隊與西雅圖水手隊共用。我們前往時，除了預計採訪剛加盟的郭泓志，以及第一年赴美的投手宋文華，還有轉任球探的耿伯軒。

　　在棒球的圈子中，不管到哪，似乎總是能遇到老朋友。喇叭在美國除了巧遇羅銳之外，也與另一名同是 La New 時期的隊友耿伯軒相見歡。外號「耿胖」的耿伯軒，在球員時期擔任投手，2005 至 08 年期間曾效力多倫多藍鳥。2009年回台先後加入 La New 熊與兄弟象。2015 年遭中信兄弟球團釋出，隔年便成為教士隊球探。

　　然而從球員要如何轉型為球探？教士球團的培養方法似乎值得參考。

　　首先，教士安排耿伯軒跟在幾個資深球探身邊，學習該如何觀察球員，讓他更迅速進入狀況。耿胖指出，其實培養眼光的方法沒有捷徑，就是要花時間，

① 喇叭與老隊友耿伯軒
（左）暢談球探養成
心得

更多故事請見

他以看帥哥的有趣角度當作比喻，「當你看過 100 個帥哥之後，就知道真正的帥哥是什麼。你不會只看他帥這麼表面，而是帥又聰明又對家人好」。套在選手身上，不能只單看當下的球速，而是要想到選手未來的成長，是否可能再透過訓練提昇。耿伯軒表示，有些是可以靠後天去養成，所以也很希望這些訓練方式能帶回台灣，幫助更多年輕選手。成為球探後大約半年的時間，耿胖就為教士簽下小將宋文華，過程看似順利，但他不居功，而是感謝球團的培養。🅥

郭泓志
Hong-Chih Kuo

　　「不死鳥」郭泓志在中華職棒 2016 年球季結束後，進行右肩關節唇手術。復健期間，統一獅決定不與他續約，小小郭選擇赴美至費雪中心復健。我們在規畫 2017 的美國採訪行程時，多次與郭泓志經紀公司接洽，但當時小小郭認為自己不便接受訪問而婉拒 Vamos 前往探訪。但在出發前一個月，郭泓志就傳出將加盟教士的好消息。

　　掌握到郭泓志在熱身賽登板的日期後，我們立即前往採訪。他面對德州遊騎兵 3A 中繼 1 局飆出兩 K，輕鬆讓對手三上三下，最快球速也上看 150 公里，讓我們在場邊看了都為他振奮。

　　然而，郭泓志帶給大家的驚喜不僅如此。4 天後小小郭被叫上大聯盟支援，將隨教士前往舊金山巨人隊所在的斯科茨代爾球場（Scottsdale Stadium）。我們得知消息後，隨即向巨人球團提出申請，希望能採訪這場大聯盟熱身賽。在尚未確定申請到採訪證之前，甚至一度決定要到現場買票，但一查才發現就算是最便宜的外野草地票，也要 50 元美金，所幸最後抵達球場時，仍順利申請取得採訪證。

① 2017 年，郭泓志獲得支援大聯盟熱身賽的機會

當我們前往牛棚拍攝郭泓志時，看見許多主場巨人球迷正對著教士球員叫囂。但場邊也有一群台灣人特別深入敵營為郭泓志加油。這群台灣球迷很特別，多數是防護員，也曾與小小郭合作。在異地碰到同鄉，這群防護員特別送上一張食物清單給我們參考，上頭都是在地美食。

在大家殷切期盼下，郭泓志一度踏上牛棚的投手丘練投，可惜最後並未登板。但 Vamos 仍選擇待到比賽結束，小小郭也親切地從牛棚丟球上來讓我們能留做紀念。隔日另一場對上科羅拉多洛磯的熱身賽，小小郭終於等到登板機會，中繼 2 局送出 1 次三振無失分，睽違 5 年再次於大聯盟的比賽中亮相。在這樣一個特別的時刻，我們也捕捉到郭泓志道奇前隊友、韓籍強投朴贊浩在觀眾席上為老朋友加油。

小小郭在春訓受訪時曾說，他對未來的規劃沒有太多想法，只要有上場機會一定毫無保留地用盡全力投球，把「每一天都當作是最後一天」。而他在春訓結束後，因自認能力不足，選擇自請離隊返台。而我們所記錄下的畫面，也成為珍貴的回憶。

①② 舊金山巨人隊所在的斯科茨代爾球場，外頭標示 2014 年世界大賽冠軍
③ 教士作客巨人隊熱身賽，列出雙方打線
④ 喇叭（右二）與深入敵營為郭泓志加油的台灣球迷合照
⑤ 教士作客洛磯的熱身賽

更多故事請見

Wen-Hua Sung
宋文華

　　郭泓志歷經 7 次開刀，從美國職棒回到台灣，再從中華職棒回到大聯盟舞台，不只成為傳奇，也持續帶給每個喜愛棒球的人感動，而最能感受到這一切的正是小老弟，同是投手的宋文華。

　　2009 年，桃園龜山國小出征美國威廉波特世界少棒賽，宋文華便是主將之一。當時隨著球隊一路殺進冠軍戰，台灣也再度掀起棒球熱潮，雖然最後僅拿下亞軍，但一票小球員瞬間爆紅。其中宋文華除了好投連連，更因為轟出 7 支全壘打而最受矚目。「小宋」後來在青棒時期進入桃園平鎮高中，年紀輕輕球速就上看 150 公里，他也老早訂下挑戰美國職棒大聯盟的夢想。

　　宋文華棒球路雖然看似順遂，但在高中畢業後卻一度因為受傷，旅美一事始終停留在只聞樓梯響。但或許從小就是「童星」的關係，外界給予的壓力，並未對他造成太大的影響，而是更專注在自己的目標上。2016 年 7 月，宋文華終於等到一紙合約，

成為教士隊第一位台灣球員，菜鳥球季的春訓更意外等到老大哥郭泓志相伴。而他天不怕地不怕猛丟直球的表現，也被學長小小郭稱讚「彷彿看到年輕的自己」。

但是來到美國的第一年，宋文華過得不太順利，除了因為文化差異被特定隊友排擠，自己也在球季中遭遇傷痛。但這位年僅 20 歲的投手，並沒有被打倒，反而對未來擁有更多堅持下去的動力與目標。不只心態堅定，接受美式訓練的宋文華也練得更壯、曬得更黑。我們前往採訪時，因為他混在一群拉丁美洲役球員之中，甚至一度找不到宋文華。

儘管郭泓志後來因為自認狀況不佳，在 4 月 1 日宣布離隊。但宋文華沒有孤單太久，前統一獅總教練，外號「阿鑼」的陳連宏為了提升自我執教能力，決定前往教士隊學習。雖然兩人在球隊訓練時沒有太多接觸的機會，但私底下「阿鑼」前輩時

①② 宋文華在小聯盟熱
　　身賽中登板
③ 宋文華（左）首次春
　　訓就獲得重量級前輩
　　郭泓志相伴

② ③

常煎牛排、煮牛肉麵讓小宋享用。

　　宋文華不只備受前輩的照顧，我們當時在亞利桑那採訪期間，也曾帶宋文華與響尾蛇隊的林凱威吃飯。兩人因為高中同屆而結識成為好朋友，雖然春訓期間同在亞利桑那的仙人掌聯盟打拚，但教士與響尾蛇的春訓基地相距甚遠，雙方也都沒車，出門並不方便，Vamos 因而搭起「鵲橋」，讓牛郎與織女能夠重逢。

　　宋文華成名甚早，我們在他青棒階段，就曾拍攝過多支專訪。但一路以來，他絲毫沒有傲氣，場下對待學長、隊友甚至是媒體，仍是一貫的謙遜。

①②陳連宏前往教士小
聯盟學習。照片來源：
陳連宏

③訓練結束後，陳連宏
（後）煮牛肉麵給宋文
華吃。照片來源：陳
連宏

更多故事請見

5

Fort Myers

。

麥爾茲堡

大聯盟熱身賽

。

離開亞利桑那後，我們搭乘紅眼班機前往佛羅里達，相較於仙人掌聯盟，葡萄柚聯盟的各個球場之間，相隔的距離遠，移動時間也長，這對已經連續工作一周的團隊來說，是一大考驗。所幸這裡的春訓氣氛依舊熱情，像是名門球隊波士頓紅襪，歡樂的程度就像來到一場嘉年華會。

① 紅襪春訓基地內的路標，標示各層級與春訓基地的距離，藉此激勵球員
② 林子偉支援紅襪大聯盟熱身賽

來到紅襪春訓基地，我們在許多副球場與球員當中尋找林子偉的身影。一旁的小聯盟教練，馬上親切詢問要找哪位球員，聽到我們來自台灣，隨即熱情表示自己曾前往台灣觀光，非常喜歡這塊寶島。

現場的紅襪球迷也一樣熱情，除了為所有球員加油打氣，專業地準備了一顆又一顆的棒球，等待選手練習完後要索取簽名。雖然林子偉只是 2A 的球員，但已經吸引不少球迷圍觀，想要收藏他的合照與簽名球。由於林子偉支援大聯盟熱身賽之故，結束完早上的訓練，緊接著準備下午的熱身賽。

走進歡樂的紅襪球場，每一位工作人員、志工爺爺奶奶，人人臉上都掛著大大的笑容，不僅在門口大聲招呼，還說著要每個人好好享受今天的棒球，非常熱情溫暖。首先看到的是球場外擺放著許多退役傳奇球星的背號紀念碑，像是美國職棒史上首位非裔球員傑基‧羅賓森（Jackie Robinson）的 42 號。除了

名字跟背號，碑上也銘刻著他們過往的輝煌戰績與故事。紀念傳奇球星，不是只能豎立銅像，藉由這樣簡單的設計，就能達到紀念與美觀的效果，值得台灣棒球學習。

　　除了場上比賽，場邊的活動也相當豐富。有行動藝術者踩著高蹺跟球迷傳接球，有警犬乖乖待著與球迷拍照，甚至還有小型演唱會的舞台。進場的紅襪球迷，除了先天的棒球熱血基因，就算不是狂熱棒球迷，也能找到有趣、好玩的事，盡情享受球場歡樂的氣氛。

Vamos 小提醒

分享一個可以近距離看到大聯盟球員的小祕訣。由於大聯盟球員在熱身賽通常只打 5 局就會先離開，而離開球場的通道正是左外野綠色怪物一旁的出口，因此若是想更接近大聯盟選手或是跟他們說再見，一定要選對位置。

① 紅襪春訓基地主球場捷藍球場
② 場外擺放著許多退役傳奇球星的背號紀念碑，像是美國職棒史上首位非裔球員傑基·羅賓森的 42 號

硬體方面也很精采，捷藍球場於 2012 年正式啟用，可容納 1 萬 1 千位球迷進場觀看比賽。外型直接複製位在波士頓的芬威球場，左外野也能看到著名的綠色怪物，目的是要讓佛羅里達的球迷，能感受到在波士頓現場看球的氛圍。另外對球員來說，也有提早適應的作用。

　　走上綠色怪物上方的外野區一探究竟，會發現這裡除了椅子上繪有棒球花紋，到處都能見到的小巧思之外，綠色怪物上方更有極佳的景緻。從上往下可俯瞰整座球場，朝另一個方向看映入眼簾的則是整座春訓基地，視野非常遼闊。綠色怪物下方也很值得注意，芬威球場著名的手動記分板同樣原汁原味搬到佛羅里達，需要移動看板時，工作人員會從小門內跑出來，再迅速跑回門後。Ⓥ

①②紅襪大聯盟熱身賽場邊活動豐富
③④場邊也販售許多美食，圖為喇叭推薦的熱狗
⑤場邊販賣先發打序，1 張 1 美元，提供球迷紀錄
⑥複製芬威球場的綠色怪物
⑦在綠色怪物上俯瞰整個捷藍球場

6

Port Charlotte

。

夏洛特港

光芒春訓基地

。

結束林子偉的採訪後，隔天來到夏洛特港（Port Charlotte）的塔帕灣光芒春訓基地，準備拍攝與林子偉同梯的投手胡智為。儘管距離上一站紅襪所在的麥爾茲堡僅一小時的車程，但天氣卻風雲變色。不只下起大雨、又濕又冷，導致 3A 熱身賽最後遭到取消。因此等我們終於抵達春訓基地，球員都已經轉往室內活動，一群人在身上沒傘的情況下，淋著雨費了好大一番功夫才在偌大的場地裡找到胡智為。Ⓥ

胡智為
Chih-Wei Hu

胡智為在 2013 年加盟明尼蘇達雙城隊後，在小聯盟穩定爬升。2015 年原本在高階 1A 打拚，球季中意外被叫上 3A 支援一場先發，結果驚艷全場拿下勝投。沒多久他被球團交易，新東家正是當時「越級打怪」的對手光芒。2016 年，胡智為從 2A 出發，在球季中升上 3A，並入選未來之星明星賽。2017 年首度參加大聯盟春訓。

我們最早是在 2014 年的仁川亞運認識胡智為，但並沒有太多深入採訪的機會。印象最深刻的是，當時他面對日本，只先發了 2.1 局就失掉 3 分，因表現不如預期，他退場後怒摔手套，對於自己的表現相當不滿意。經過這段時間的成長與轉變，此次來到光芒春訓基地採訪，我們發現他有了很大改變。胡智為自己也說，經過仁川亞運的事件後，更明白要在場上控制脾氣的重要，另外在 2015 年升上 3A，以及轉隊至光芒後的變化，都讓他心態成熟不少。

　　儘管是首度參與大聯盟春訓，但胡智為看來相當適應，溝通上也沒有障礙，採訪過程中，隊友或教練經過時，都會找上他聊個幾句，看來相當融入球隊，他對於自己未來的方向跟目標也很明確。不僅如此，這次也因為陰雨綿綿的天氣，意外發現了他細膩的個性。

　　由於我們身上都沒帶傘，胡智為擔心大家會被雨淋濕，因此先想好了有屋簷的拍攝動線，讓我們在移動的時候，減少淋雨的可能。雖然當天氣溫下降，但他貼心的舉動，也讓大家溫暖不少。

　　被問到對於新球季的展望，胡智為表示，不會刻意去想什麼時候能上大聯盟，但每天都會做好準備，同時也會保持平常心。結果 2017 年球季開打後不久，他就在 4 月底被叫上大聯盟，儘管經歷由先發轉為後援，以及 6 度升上大聯盟、5 度被下放的多重挑戰，但仍在 9 月 28 日對上洋基中繼 1 局後，奪得大聯盟生涯首勝。

更多故事請見

①　　　　　　　　　②

7

Washington D.C.

華盛頓特區
大聯盟開幕戰

① 大聯盟開幕戰上，展
開美國大國旗

漫長的春訓結束後，終於迎來大聯盟球季開打。2017
年唯一在開季名單的台灣選手，只有左投陳偉殷一人。而
所屬的邁阿密馬林魚首場比賽則是要作客華盛頓國民。
Vamos 的採訪行程也沒有中斷，轉往華盛頓特區繼續採訪
的任務。

儘管忙碌、疲憊，但卻是 Vamos 成立後，首度成功克服一切困難，沒有漏掉任何旅美台灣棒球員，完成所有的訪問。在這樣辛苦的春訓任務結束後，喇叭和書瑜也先行返回台灣。剩下的咪咕、家梵與婷雯，繼續往華盛頓特區前進，準備在華盛頓國民球場（National Park）見證新球季的開幕戰。

　　儘管開幕戰並非假日，但華盛頓國民球場仍湧進超過 4 萬球迷共襄盛舉，還未抵達球場周邊就已經感受到熱鬧的人潮。現場人山人海，為了拍攝熱鬧的氣氛，我們在球場內，走到各個角落，拍攝不同的角度、呈現不同感覺，也發現了許多別出心裁的球場規劃。

　　踏進大聯盟球場，可以發現各處都附有巧思。不僅如此，在活動宣傳和球場設計上也值得台灣學習。像是 2017 年球季才剛開打，但在球場抬起頭已經能處處看見 2018 年季中明星賽的橫幅；即使只是丟個垃圾，也會看到本來平凡的

① 馬林魚 2017 年季賽首戰作客國民，陳偉殷在賽前接受訪問
② 國民特別在球場內空出一個座位，緬懷為國付出的美國軍人
③ 玻璃窗內掛有看板球星布萊斯·哈波的照片和座右銘
④ 大聯盟球場各處都有小巧思，像是國民就將垃圾桶戴上頭盔

垃圾桶，被設計成戴著頭盔的可愛模樣。當然也別忘了看看玻璃窗內球員的照片和座右銘，像是國民隊看板球星布萊斯·哈波（Bryce Harper）就寫著「I'M ONLY AS GOOD AS MY LAST AT BAT」，意指雖然過去有著輝煌成績，但毋須沉湎於過去，而是要持續努力，隨時準備好迎接下一個打席。

每座大聯盟球場也都充滿故事與歷史。即使開幕戰當天，球場一位難求，卻有一個位子似乎乏人問津……。並非因為它面對著戶外攝影棚，「視野不佳」才沒人要，而是被刻意保留下來。走近一看，才發現上面寫著「You Are Not Forgotten」。並非紀念某位球迷、球員或教練，或是與棒球有著緊密關係的人。再細讀下面的說明才會發現，原來是在緬懷那些為國付出的美國軍人。棒球場內，無關棒球，卻令人動容。其實這樣棒球與歷史結合的紀念座位、紀念碑甚至是活動，在大聯盟都很常見，像是開幕戰的開球嘉賓請到的正好就是陸海空多位軍人。Ⓥ

更多故事請見

方祖涵

在華盛頓特區的採訪，必須要感謝住在當地的友人方祖涵、Erica 夫妻的大力協助，不僅慷慨提供住宿、張羅餐點，甚至還開車接送我們至球場，讓 Vamos 在緊繃的預算下得以喘息。事實上，我們飛抵華盛頓特區後，因為租車問題導致行程延誤，甚至連晚餐都沒時間吃，只能衝進尚未打烊的賣場隨手買了幾包韓國泡麵，直到深夜才抵達方祖涵夫婦的家中。他們不僅耐心等候，得知我們都沒吃飯後，Erica 隨即端出溫暖的宵夜。

　　旅居美國的方祖涵正職是行銷公司資深行政副總裁，因為熱愛體育，大學就開始在各大報寫專欄，目前是聯合報名人堂與天下獨立評論的作家。方祖涵除了相當了解美國職棒，也非常關心台灣棒球，像是他在 2017 年季末的陳偉殷棒球訓練營，就特別從美國飛回台灣協助。

　　不只會寫也很能說，方祖涵同時在臺北都會音樂臺 Bravo FM91.3 主持廣播節目「方祖涵的運動筆記」，該節目更勇奪第 52 屆廣播金鐘獎的教育文化節目獎。

　　Erica 則擔任方祖涵的經紀人，為他打理大大小小的事務。不僅如此，她也擁有好手藝，在我們留宿期間，就做出一大桌台灣料理讓大家解饞，從潤餅、鹹酥雞、炒米粉到滷肉飯，應有盡有，也邀請陳偉殷在球季開打前來享用，甚至帶著一群人去吃韓國烤肉 Honey Pig，非常熱情。

① 方祖涵（中）宴請
Vamos 與陳偉殷

8

New York

○

紐約

陳偉殷首勝首安

○

結束馬林魚本季第一場比賽的拍攝後，三個女生再度北上，一路前往紐約大都會花旗球場（Citi Field），採訪陳偉殷在新球季的首場先發。雖然已是此行最後一項工作，卻一點也不輕鬆。不僅越往北邊氣溫越來越低，同時得克服連續工作的疲勞，加上少了兩名成員，剩下三人所負擔

①②一路向北，此行從炎熱的亞利桑那仙人掌，到紐約的靄靄白雪
③牛棚形狀設計特別，拍攝不易，咪咕（右）只好踮腳並把腳架拉到最高
④大聯盟攝影記者席的視野

的任務變得更多也更辛苦。

　　來到紐約大都會花旗球場，與春訓時隨處能聽到小販喊著「冰啤酒」相比，來到紐約的劇情急轉直下，已經看不到小販賣冷飲的身影，取而代之的是一杯又一杯的「熱可可」，從販賣飲料的變化，就可明顯感受兩地的氣溫差異。

　　攝氏 6 度的大都會球場不只寒風刺骨，為了拍攝陳偉殷賽前準備，我們跟著他走到牛棚後，又出現了新的挑戰。因為牛棚形狀設計特別，拍攝不易，只能一邊踮腳，同時把腳架拉到最高，才能勉強拍到陳偉殷丟球的樣子。但不僅我們在寒風中奮戰，熱血的台灣球迷為了搶看陳偉殷，也帶著國旗來到牛棚為他加油。

　　原本預計在比賽開打後就能回到溫暖的記者室裡，但事情沒有這麼簡單，體育新聞的採訪工作，總是會碰到意料之外的突發狀況。由於人力的問題，能到場邊拍攝照片的人，只剩下文字記者婷雯。不過既然都來到紐約了，雖然初次以攝影師的身份登板就是大聯盟，但說什麼也要硬著頭皮去拍。因此婷雯背

① 紐約大都會花旗球場的螢幕秀出陳偉殷的資料

負整個團隊的使命，來到一群經驗豐富又氣勢十足的大聯盟攝影師之中。婷雯為了完美拍攝，不讓身上的厚重外套成為阻礙，甚至在體感溫度接近零下的狀況，脫去了身上最重要的外套，只為了要替陳偉殷首場先發留下好照片。

　　還好這些突發狀況並未影響我們留下陳偉殷本季的首勝紀錄。他此役先發6局只失1分，不僅首勝開張，還擊出大聯盟生涯首安。雖然賽前在牛棚練投時，也感受到天寒地凍，但因為不習慣穿長袖投球，謹慎起見並未貿然替換，所以賽後受訪時笑說或許是因為溫度低，比賽時頭腦才特別清楚。至於終止51打數沒有安打的情形，陳偉殷則謙稱是因為坐在鈴木一朗身旁，才幸運跑出一支內野安打。

　　現場見證陳偉殷首安與首勝齊開張，也讓我們這次的採訪擁有了一個美好的句點。Ⓥ

① ② 陳偉殷終結 51 打數
　無安打的紀錄
③ 花旗球場也曾有台灣
　球員胡金龍的身影。
　照片來源：胡金龍
⑤ 陳偉殷在首安隔日，
　宴請 Vamos 與世界日
　報記者廖廷儀（右後）

更多故事請見

體育人互相扶持

紐約是此次採訪的最後一站，我們依然受到許多朋友的協助，包括世界日報記者廖廷儀，以及紐約大都會負責亞洲市場的職員王偉成。

廖廷儀，外號「小廖」，因為在美國出生長大，不僅英文溝通無礙，也有豐富的採訪經驗，讓他成為第一位加入美國棒球記者作家協會的台灣人。因此不只我們，其他台灣媒體赴美採訪，也時常向他尋求協助。採訪陳偉殷先發當日，小廖除了接送團隊往返球場，上工之前也帶我們享用在地美食，進到球場更是熟門熟路。

另一位則是王偉成，他在高中畢業後赴美求學，陸續在亞利桑那州立大學與芝加哥小熊隊任職。現於紐約大都會負責亞洲市場，一手催生大都會台灣日等活動，也照顧許多旅美球員，就連台灣網球一哥盧彥勳，也因為他的協助而成為朋友。

廖廷儀與王偉成的專業能力都可說是另類台灣之光，也因為他們的協助，Vamos 能順利完成拍攝任務，帶回最專業完整的報導。

美國棒球記者作家協會（Baseball Writers Association of America，簡稱 BBWAA）：為棒球新聞工作人士組成的專業協會。目前主要功能是票選出表彰大聯盟投手的賽揚獎（Cy Young Award）、可進入棒球名人堂的退役球員等。

①Vamos 赴美採訪多次受到廖廷儀協助，有時間都會與小廖夫妻（後排）一起用餐
②陳偉殷首安慶功宴。前排右起：陳偉殷、王偉成夫婦、廖廷儀

2017 年球季尾聲，Vamos 再次派出家梵與阿昶前往美國。原本預計要採訪傷後復出的陳偉殷，卻遇到龍捲風侵襲邁阿密，正當兩人在當地面對一片荒涼之時，意外收到曾仁和升上大聯盟的驚喜，因而臨時決定飛往 3 小時外的芝加哥採訪土虱。

陳偉殷、胡智為、林子偉、王維中與曾仁和，除了在 2017 年陸續站上大聯盟舞台，聯手創下台灣棒球史上首度有五名台將同時在大聯盟出賽的紀錄。我們也因此更慶幸能在季前與球季尾聲時，克服困難前往美國採訪。

所經歷的一切、所看見的風景，都是我們繼續努力的動力。希望熱愛棒球的朋友們，也都有機會能親自感受，如果不知道該從何開始，就跟著經驗豐富的 Vamos Sports，踏出第一步吧！ⓥ

①②③ 2017 年球季尾聲，前往王維中所在的密爾瓦基釀酒人米勒球場（Miller Park）。釀酒人球員若是敲出全壘打，吉祥物柏尼（Bernie Brewer）就會從外野的溜滑梯溜下

④ 2017 年，陳偉殷在亞利桑那響尾蛇隊大通球場

① 家梵採訪陳偉殷　② 家梵採訪曾仁和　③ 邁阿密馬林魚主場

PART 5

Special

特別企劃

跟著 Vamos 一起出發吧！

附實用須知

4 步驟 ——— 搞定春訓規劃

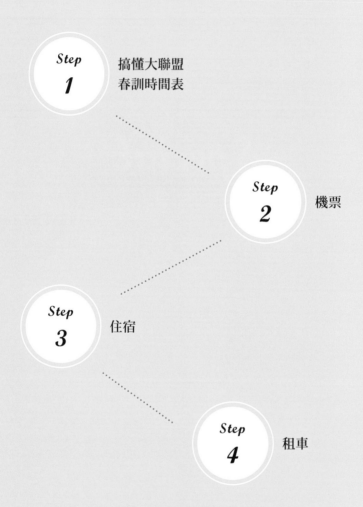

Step 1 搞懂大聯盟春訓時間表

Step 2 機票

Step 3 住宿

Step 4 租車

搞懂大聯盟春訓時間表

美國職棒春訓在每年 2 月展開，2017 年以前，大聯盟熱身賽會進行至 3 月底，4 月初才會展開季賽。但根據新制勞資協議，為了讓球員能在球季間多出 3 到 4 天的休兵日，所有時程都比以往稍稍提前。大聯盟也已經公布 2018 年球季，30 支球隊都將在 3 月 29 日進行例行賽首戰。

春訓重點行程

大聯盟 40 人名單內的投捕手，以及受邀參加大聯盟春訓的投捕手約在 2 月中報到展開春訓，但部分球隊投捕報到並非在同一時間，而是相隔一週。約一週後，大聯盟 40 人名單內的野手、受邀參加大聯盟春訓的野手，以及球隊重點栽培的潛力新秀也會報到展開春訓。再約一週後，則是春訓熱身賽，以及小聯盟球員陸續報到春訓。

建議參觀時間

春訓前段尚未開放球迷進入基地，除非剛好碰上媒體日，因此不建議太早前往。推薦參觀時間為春訓熱身賽後半段。

原因 1：已開放球迷免費進入基地，早上可以先看大小聯盟春訓，下午則可購票觀看大聯盟熱身賽。

原因 2：旅美的台灣小聯盟球員有機會支援大聯盟熱身賽。

原因 3：春訓熱身賽結束後，接著可以安排去看大聯盟例行賽。

原因 4：三月的機票會比二月機票便宜，二月因為遇到農曆新年，旺季的票價較高。

※ 春訓相關時程僅供參考，詳細時間表請上 MLB 官網查詢。

Step 2

機票

大聯盟 30 支球隊主場分散於各地，春訓期間集中在亞利桑那州以及佛羅里達州，位在亞利桑那的球隊隸屬於仙人掌聯盟，在佛州的球隊則是隸屬於葡萄柚聯盟，球迷可自選喜愛的球隊規劃前往，亦可依照預算時間，或是搭配其他賽事。

依預算與時間

預算與時間若充足，亞利桑那與佛羅里達兩地都可以前往。預算與時間若有限，建議選擇亞利桑那，因為各隊春訓基地距離較近，1 小時內都可到達，住宿也不需要移動，1 週內

可看完仙人掌聯盟的 15 支球隊。而佛州的葡萄柚聯盟，各隊春訓基地距離較遠，移動時間至少要 1 至 2 小時。

搭配其他賽事

除了大聯盟春訓，2 至 4 月間在亞利桑那與佛羅里達也有其他運動賽事，列舉如下，可依各自喜歡的體育項目、行程安排，決定是否前往。

2018 年賽事時間軸

亞利桑那	時間	佛羅里達
籃球：鳳凰城太陽隊季賽 高爾夫球：創辦人盃（Bank of Hope Founders Cup）3/15~18	2~4 月	籃球：邁阿密熱火、奧蘭多魔術季賽 高爾夫球：威士伯錦標（Valspar Championship）3/8~3/11 阿諾帕瑪邀請賽（Arnold Palmer Invitational）3/12~3/18
網球：法國巴黎銀行公開賽（BNP Paribas Open）3/5~3/18 加州可以先飛加州看網球，再開車前往亞利桑那。		網球：邁阿密大師賽（Miami Open）3/19~4/1
棒球：亞利桑那響尾蛇季賽	3/29 開幕戰	棒球：邁阿密馬林魚、坦帕灣光芒

※ 以上日期為美國時間。本時程僅供參考，詳細時間表請上各賽事官網查詢。

PGA

LPGA

ATP

WTA

NBA

決定行程後，再來就是訂機票。Vamos 前往美國採訪春訓，亞利桑那與佛羅里達兩地都一定會到，根據抵達先後，又有兩種方式（請見下圖）。價格方面，國際線機票在出發前 90 天開票，通常會有早鳥優惠，可在 12 月決定行程與購買機票。而國內線機票不含行李費用，訂購時要留意，通常第一件為 25 美元、第二件為 35 美元。另外，國內線班機時常因故延誤，所以建議出國前加保旅遊不便險，若是行程受到影響，可申請理賠。亞利桑那的進出機場為鳳凰城天港機場（PHX），佛羅里達則推薦奧蘭多機場（MCO）、邁阿密機場（MIA）或是羅德岱堡機場（FLL），因為機場大、航線多，機票也會比較好找。

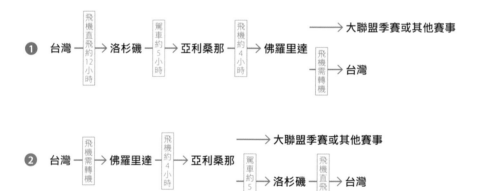

小撇步 1：國內線機票價格不時會變動，最好的方式就是花時間多查多看，才有機會撿到便宜機票。
小撇步 2：半夜移動可以省下一天的住宿費。
※ 收費與時程僅供參考，請依實際情況為準。

Step

3

住宿

每年三、四月除了大聯盟春訓，也正好是美國的春假，所以不管是亞利桑那或是佛州，在住房的預訂上都會變得相對困難，建議是能提早訂就趕快提前下手。以 Vamos 而言，依照等級，最常住的類型為 Hotel（飯店、旅館、酒店）、INN（小型旅館或大型連鎖飯店）與 Motel（汽車旅館），價位陸續為 80 至 100 美金（或以上）、60 美金以上、40 至 50 美元，通常皆附早餐，且停車免費。除此之外，也可將 Airbnb 列入選擇。

亞利桑那住宿選擇指南

第一首選推薦斯科茨代爾（Scottsdale）附近，因為大型商場多、購物方便。或是坦佩（Tempe）、梅薩（Mesa），位於文教區，安全又方便。其次可考慮鳳凰城天港機場附近或格蘭岱爾（Glendale），前者住宿選擇多，後者地理位置佳，去哪都方便。

佛羅里達住宿指南

因佛州住宿費用較高，球場之間的距離也遠，所以可從自身預算或想去的球場考量。另一個選擇是奧蘭多的渡假村，因為迪士尼、環球影城

等遊樂園皆坐落在該區，所以渡假村多、環境佳，一晚的價錢跟其他住宿選擇相差不大，但必需注意退房時，可能需另外繳美金約 15 元的設施使用費（Resort Fee）。

小撇步 1：不一定會看星等，但會看留言、評價。
小撇步 2：有游泳池的飯店通常不會太可怕。
小撇步 3：預算 100 美金的三星飯店不難找，環境也不會太差。
※ 收費與服務僅供參考，請依實際情況為準。

Step
4

租車

行前準備

　　Vamos 團隊是使用比價網（Rentalcars.com）租車，不像機票或住宿，租車時間早晚的價差並不會太大，但仍建議提早預訂，做好準備。

❶ 基本資料

　　進入網站後，依序填選租車國家、城市、地點、與日期，其中取車地點須注意，在機場領車的費用會較高。另外，駕駛人的年齡也會影響收費。以美國來說，未滿 21 歲無法租

車，未滿 25 歲會加收費用。30 歲以下或 65 歲以上，租車價格較高。各間租車公司收費標準不一，請依實際情況為主。特別提醒，長途開車建議申請額外駕駛以避免疲勞駕駛，但請注意各州與各租車公司依標準不同可能會加價。

↓

❷ 選車

填完資料後，網站會依照需要，搜尋適合的車輛與價錢，車型從小型汽車、中型汽車到 SUV 型車輛大致分為 7 種，選擇時除了搭車人數之外，擺放行李的空間也必須納入考量。

↓

❸ 保險

部分車輛提供免費的盜竊險、車體破損險，但像是道路救援費用、鑰匙遺失等就屬於附加保險。要注意的是，在網路上先購買的保險，可能會遇到租車公司不認可，要求顧客再

買，此時就要堅持立場。但也遇過就不租給我們的情況，硬要我們買保險。

↓

❹ 完成預約

選擇好相關服務後，租車資料會寄送至個人電子信箱。

領車流程

以 Vamos 為例，除了個人行李之外，另有許多攝影器材，因此都會選擇在機場取車。有些租車公司就緊鄰機場，有些則是需要搭乘接駁車才能抵達。時間要算好，寧可早不要晚。

❶ 備妥資料

領車時，除了要出示電子信箱內的租車資料，也需提供台灣駕照與事先辦理好的國際駕照正本。

↓

❷ 領車

接下來就能前往停車場領車，儘管事前已經選好車型，但到現場後，仍可依個人喜好選擇該車型的各類車款。建議盡量挑選較亮眼的顏色，方便之後找車。另外也需注意車身車內是否有受損、刮痕等，應事先拍照與租車公司反應，以免還車後造成糾紛。

行車注意事項

美國各州交通規則不同，必須注意，以免造成危險。

- 紅燈可以右轉(各州情況略有不同，但大部分都可以)，但要先停下來確認沒有車才能右轉。
- 限制只能停車一小時的車位，一定要遵守規定在一小時內駛離。
- 街邊停車，不同時段，規則也不同，有時候能停左邊，有時候只能停右邊。

- 看到 STOP 的標誌一定要停下來，務必要禮讓行人、校車與救護車。
- 聽到警車鳴笛一定要趕緊靠右，待在車上，不能下車，否則可能會嚇到警察，手要放在方向盤上，讓警察確認手中沒有拿著武器。
- 限速請注意單位不同。
- Carpool 為高乘載車道，車內有兩人以上才能行駛。
- 行駛時請注意動物突然冒出。

❶ 導航

在美國除了 GOOGLE MAP 之外，最常使用的 APP 的是 WAZE。WAZE 最重要的功能是網友回報即時路況，例如路邊有拋錨車輛，經過必須注意，或是前面路段有警察，提醒駕駛留意。

↓

❷ 收費

美國國道大部分採取電子收費，

但建議駕駛座旁仍須擺放些許零錢，以備不時之需。電子收費方式大致為：

① 在租車公司先根據預估的額度儲值，類似台灣 ETC。

② 若會遇到跨州的情況，不見得能事先購買。因此繳費帳單會寄到租車公司，還車時繳納即可。但除原有過路費之外，租車公司會再另加手續費。

小提醒 |

雖然每個城市狀況不同，根據經驗，主要是在東岸比較常會碰到要付過路費的情形，西岸像是加州就沒有收過路費。因此若是在亞利桑那州看春訓，毋需擔心過路費問題，但如果前往佛羅里達州就要注意。

↓

❸ 異地還車

如需異地還車，在網站上租車時便要提出申請。而異地還車是否會加收費用，則依各家租車公司情況而定，例如在洛杉磯要多收費。

小提醒 |

1 事前準備好目的地名稱與地址，若需要詢問路人時，方便出示。

2 導航會碰到走小路的狀況，建議導航時仍舊以大路為主。

3 美國計算距離以英里為單位，若不習慣可事先設定為公里計算。

Vamos 嚴選與球星私房推薦
球場美食購物一網打盡！

亞利桑那 7 日行

佛羅里達 10 日行

Arizona

7

亞利桑那 7 日行

7

堪薩斯皇家、德州遊騎兵　　6
6
　　　聖地牙哥教士、西雅圖水手

8

1
亞利桑那響尾蛇、科羅拉多落磯

格蘭岱爾

3　5　　　　　　　　　3　　2
1
芝加哥白襪、洛杉磯道奇　　　　　　　舊金山巨人
7　　　　斯科茨代爾
密爾瓦基釀酒人

3

5　　　　　　　　　4　　　　　　2
克里夫蘭印地安人、辛辛那提紅人　鳳凰城　　　　芝加哥小熊　　奧克蘭運動家

2

1
洛杉磯天使　　　　　　　　　　　9　4

Day1	桃園→洛杉磯→鳳凰城
Day2	亞利桑那響尾蛇春訓基地：黃暐傑、林凱威
Day3	小熊春訓基地：曾仁和
Day4	亞利桑那州立大學棒球場、鳳凰城市區、NBA 鳳凰城太陽隊球場
Day5	印地安人春訓基地：朱立人、陳品學、張育成、江少慶
	教士春訓基地：宋文華
Day6	釀酒人春訓基地：王維中
Day7	返台

① 亞利桑那響尾蛇春訓基地

球員 | 黃暐傑、林凱威
主球場 | Salt River Fields at Talking Stick
地址 | 7555 N Pima Rd, Scottsdale, AZ 85258
特色 | 球迷能與球員近距離接觸，常會遇到要換球場的選手、教練。且比起其他春訓基地，這裡的設備更新穎，連草地都有高級的味道，甚至會誤以為是來到高爾夫球場。主球場與科羅拉多洛磯共用。

② 芝加哥小熊春訓基地

球員 | 曾仁和
主球場 | Sloan Park
地址 | 2330 W Rio Salado Pkwy, Mesa, AZ 85201
特色 | 小熊春訓基地與球隊名字一樣，可愛又讓人覺得舒服，雖然幾座練習球場並不豪華，但乾淨舒適又平易近人。

③ 亞利桑那州立大學棒球場

球員 | 林家正
球場 | Phoenix Municipal Stadium
地址 | 5999 E Van Buren St, Phoenix, AZ 85008 美國

④ NBA 鳳凰城太陽隊

球場 | Talking Stick Resort Arena
地址 | 201 E Jefferson St, Phoenix, AZ 85004 美國
特色 | 鳳凰城太陽隊主場館外觀看起來不太起眼，要是沒看到球隊旗幟就可能會錯過。另外，亞利桑那響尾蛇的大通球場也在附近。

左 鳳凰城太陽隊場館
右 亞利桑那響尾蛇大通球場

⑤ 克里夫蘭印地安人春訓基地

球員｜朱立人、陳品學、張育成、江少慶
地址｜ 2601 S Wood Blvd. Goodyear, AZ 85338
主球場｜ Goodyear Ballpark
　　　　 1933 S Ballpark Way, Goodyear, AZ 85338
特色 ｜印地安人主球場與春訓基地相距較遠，球
團備有接駁車往返，約 5 分鐘便能抵達。

⑥ 聖地牙哥教士春訓基地

球員｜宋文華
主球場｜ Peoria Sports Complex
地址｜ 16101 N 83rd Ave, Peoria, AZ 85382
特色｜聖地牙哥教士與西雅圖水手用主球場，
日職北海道日本火腿鬥士也曾到此處進行春訓。

⑦ 密爾瓦基釀酒人春訓基地

球員｜王維中
主球場｜ Maryvale Baseball Park
地址｜ 3600 N. 51st Ave, Phoenix, AZ 85031
特色｜ 1998 年啟用至今，釀酒人一直都在這裡進
行春訓，環境與設備維持良好。

📷 球迷與球員可近距離接觸

① GOGI

YELP｜ 4 星
地址｜ 2095 N Dobson Rd Suite 8, Chandler, AZ 85224
曾仁和推薦｜曾仁和 2017 年春訓在小熊有 2 名韓
國隊友，跟著他們吃遍多種韓國料理，他推薦的
是距離小熊基地開車只要 12 分鐘的 GOGI。曾仁
和最常點的是韓式烤排骨（Galbi）、韓式烤肉片
（Bulgogi）和雜菜（Japchae）。

❷ Korean BBQ

YELP ｜ 4 星

地址 ｜ 2711 S Alma School Rd #14, Mesa, AZ 85210

曾仁和推薦 ｜ Vamos 在美國採訪最常吃的料理之一是韓式餐廳，而這家韓式烤肉讓曾仁和與 Vamos 同聲推薦。推薦必點韓式烤肉（Gogigui）、雜菜（Japchae）與豆腐鍋（Soon Tofu Soup），所附的小菜也非常多，不用擔心會吃不飽。但讓我們憂慮的是，兩旁的店家都已陸續倒閉，只剩它屹立不搖。Vamos 要在這裡呼籲，大家若是前往美國一定要去吃，讓它撐下去，我們每年春訓才有機會回來品嚐。

❸ Pho Binh Minh

YELP ｜ 4.5 星

地址 ｜ 4141 N. 35th Ave, Ste 11& 12 Phoenix,AZ 85017

Vamos 推薦 ｜ 在美國吃飯，最不會踩到地雷的食物，越南河粉絕對榜上有名。這家餐廳距離釀酒人基地開車僅需 10 分鐘。推薦必點為河粉（Pho）、炸春捲（Fried spring rolls）跟一般春捲（Spring rolls）。

（圖）必點之一河粉

❹ Buffalo wild wings

YELP ｜ 2.5 星

地址 ｜ 9404 W Westgate Blvd c107, Glendale, AZ 85305

陳品學推薦 ｜ 餐廳內能觀看運動賽事直播，食物美味，可惜候位時間太久，在 Yelp 上只獲得 2.5 星的評價。推薦蒜味起司（Parmesan Garlic）口味，水牛城辣雞翅（Buffalo）和蜜汁燒烤（Honey BBQ），都非常好吃。

❺ YES CAFÉ

地址 ｜ 2050 N Alma School Rd #11, Chandler, AZ 85224

曾仁和推薦 ｜ 這間餐廳由來自台灣的陳媽媽開設，裡面有多種台灣料理跟小吃，從雞排飯、炒米粉到牛肉麵應有盡有，甚至還能接受旅美球員額外「點餐」，一解思鄉之情。我們前往的當天，陳媽媽就特別招待香港雞蛋糕，讓大家當飯後點心。除了小熊的曾仁和、李其峰時常與翻譯鄭宏彥夫妻一同前往之外，亞利桑那州立大學的林家正、俞俊安也常到這裡聚餐。

6 In-N-Out

YELP | 4 星

地址 | 8285 W Bell Rd, Peoria, AZ 85382

Vamos 推薦 | 教士隊基地附近，開車不用 5 分鐘就有一間連鎖漢堡名店 In-N-Out。只是時常大排長龍，若不想久候，建議排得來速。推薦起司漢堡（Cheeseburger）、雙層漢堡（Double-Double），以及隱藏菜單野獸作風（Animal style），是在一般薯條淋上滿滿的起司醬、炒洋蔥等，雖然熱量爆表，但千萬別錯過。

7 George&Son Chinese&Asian Cuisine

YELP | 4 星

地址 | 3049 W Agua Fria Freeway, Phoenix, AZ 85027

宋文華推薦 | 餐點美味、店員親切，店內除了華人之外，也有不少美國客人，生意極佳。此處也是宋文華與響尾蛇林凱威相聚的「鵲橋」。由於宋文華與林凱威雖然先後加盟美國職棒，春訓期間也都位於亞利桑那，但缺乏交通工具無法相見。Vamos 採訪期間，還特地製造機會讓這對好朋友終於能相會。

左 林凱威（左）與宋文華（右）一同用餐

8 Hiro Sushi

YELP | 4.5 星

地址 | 9393 N 90th St, Scottsdale, AZ 85258

陳偉殷推薦 | Hiro Sushi 日式料理在亞利桑那相當知名，除了有多位台灣球員推薦，一走進店裡也會看到許多大聯盟球星的照片掛在牆上，像是鈴木一朗等人。若預算與時間充足，不妨嚐試看看，建議事前預約。

左 店內陳列與許多大聯盟球星的合照，陳偉殷也在其中

9 Lee Lee International Supermarkets

地址 | 2025 N Dobson Rd, Chandler, AZ 85224

曾仁和推薦 | 在韓國餐廳 GOGI 旁還有一家亞洲超市，也是旅美球員常補貨的地方。若吃不慣美式食物，可以來這採買，或許也會巧遇台灣球員喔！

圖 曾仁和在超市內補貨

❶ Baseballism Scottsdale

地址｜ 3961 N. Brown Scottsdale, AZ 85251

曾文誠推薦｜這間棒球服飾店顛覆傳統，有許多創新的設計。例如在棒球紀錄上 6-4-3 代表雙殺，服飾店便將 6、4、3 印在衣服上，但相加後得出的數字不是 13，而是 2，代表兩人出局。看得懂這些巧思的棒球迷，走進店裡一定會會心一笑。

❷ Scottsdale Fashion Square

地址｜ 7014 E Camelback Rd, Scottsdale, AZ 85251

特色｜鳳凰城最大。

❸ Tanger Outlet Westgate

地址｜ 6800 N 95th Ave, Glendale, AZ 85305 美國

佛羅里達 10 日行

奧蘭多

3 10
4 2
2 3
9 1

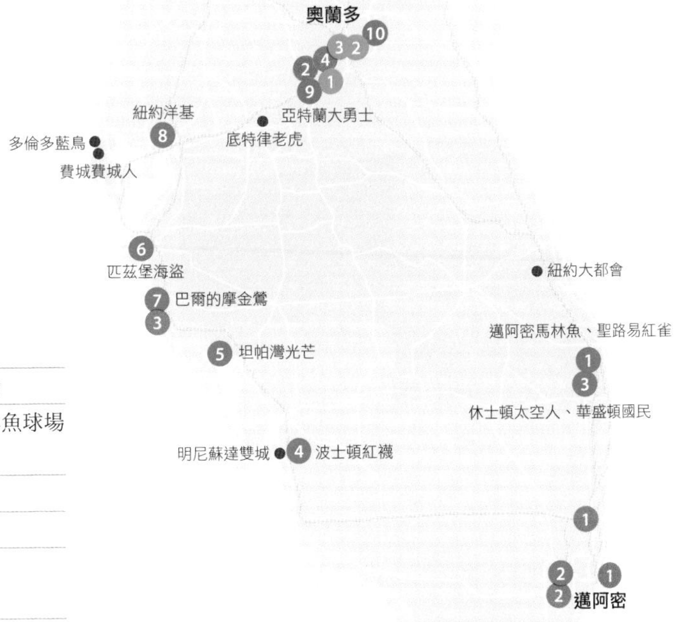

紐約洋基

亞特蘭大勇士

多倫多藍鳥 ●
8 底特律老虎

費城費城人

6
匹茲堡海盜
7 巴爾的摩金鶯
3
5 坦帕灣光芒

紐約大都會 ●

邁阿密馬林魚、聖路易紅雀

1
3
休士頓太空人、華盛頓國民

明尼蘇達雙城 ● 4 波士頓紅襪

1

2 1
2 邁阿密

❶ 邁阿密馬林魚春訓基地

球員｜陳偉殷、何紹彬

主球場｜Roger Dean Stadium

地址｜4751 Main St, Jupiter, FL 33458

特色｜基地門口懸掛球員國家的國旗，因陳偉殷的關係，能見到中華民國國旗。與聖路易紅雀隊共用主球場。

❷ 邁阿密馬林魚球場

球場｜Marlins Ballpark

地址｜501 Marlins Way, Miami, FL 33125

特色｜設計新穎，場內設有酒吧、游泳池，並為世界棒球經典賽分組賽的預賽場地。

❸ 華盛頓國民、休士頓太空人春訓基地

主球場｜Palm Beaches

地址｜5444 Haverhill Road West Palm Beach, Florida 33407

特色｜華盛頓國民與休士頓太空人共用主球場，附近是知名觀光景點棕櫚灘。統一獅二軍教練許峰賓 2017 年曾前往國民春訓，了解美國職棒訓練方式。

📷 照片來源：許峰賓

❹ 波士頓紅襪春訓基地

球員｜林子偉

主球場｜JetBlue Park

地址｜11500 Fenway South Drive, Fort Myers, FL 33913

特色｜紅襪身為東岸名門球隊，巨星雲集，本身就具有可看性，再加上主球場仿芬威球場打造，非常值得造訪。建議可早上看春訓，下午看大聯盟熱身賽。

❺ 坦帕灣光芒春訓基地

球員｜胡智為
主球場｜ Charlotte Sports Park
地址｜ 2300 El Jobean Rd, Port Charlotte, FL 33948
特色｜主球場雖然不大，但設施十分精緻完善如露天酒吧、兒童遊戲區等。

🖼 照片來源：方祖涵

❻ 匹茲堡海盜春訓基地

球員｜張進德
主球場｜ LECOM Park
地址｜ 1611 9th St W, Bradenton, FL 34205
特色｜春訓期間，大部分的球隊安排球員住在基地附近的飯店，但是海盜隊基地裡就有宿舍，方便球員結束練習後，能盡快回到房間休息。基地隨處可以看到海盜的標誌，有時候會誤以為來到遊樂園。

❼ 巴爾的摩金鶯春訓基地

主球場｜ ED SMITH STADIUM
地址｜ 2700 12th Street Sarasota, FL 34237
特色｜原本是辛辛那提紅人隊的春訓基地，金鶯在 2010 年接手後，主球場進行部分翻新。

❽ 紐約洋基春訓基地

主球場｜ George M. Steinbrenner Field
地址｜ 1 Steinbrenner Drive Tampa, FL 33614
特色｜球場建於 1996 年，原名為傳奇球場（Legends Field）。2008 年改名，命名源自洋基隊老闆。

🖼 照片來源：方祖涵

❾ 亞特蘭大勇士春訓基地

主球場 | Champion Stadium
地址 | ESPN Wide World of Sports of Complex 700 S. Victory Way Kissimmee, FL
特色 | 位在奧蘭多迪士尼樂園旁，除了美國職棒春訓基地之外，園區內也有其他運動場館以及 ESPN STORE。

❿ NBA 奧蘭多魔術隊

球場 | Amway Center
地址 | 400 W Church St #200, Orlando, FL 32801

（圖）羅嘉仁在奧蘭多魔術隊場館內接受裴翔採訪，2011 年

❶ RUSTIC INN CRABHOUSE

地址 | 4331 Anglers Ave, Fort Lauderdale, Florida
YELP | 3.5 星
陳偉殷推薦 | 來到邁阿密一定要吃海鮮，這家餐廳營業超過 60 年，位在羅德岱堡機場 (FLL) 附近。餐廳分室內與室外，建議坐在戶外，能看見飛機起降。推薦必點蒜味蝦、蒜味螃蟹與生蠔，也可嘗試炸鱷魚肉，沒有腥味，口感像雞肉。

❷ Versailles restaurant

地址 | 3501 SW 8th St, Miami, FL 33135
YELP | 4 星
Vamos 心得 | 由於邁阿密距離古巴搭機只需一小時，擁有許多古巴特色料理，超級推薦這家知名古巴餐廳。推薦菜單如燉羊小腿（Lamb Shank）、海鮮（Seafood Zarzuela）、炸雞飯（Chicken Chunks）到炸香蕉（Tostones）與布丁（Flan Caramelo, Flan Dulce Lech），很適合台灣人的口味。同時也販售外帶蛋糕與甜點。

❸ Pho cali Vietnamese noodle house

地址 | 1578 Main St, Sarasota, FL 34236

YELP | 4 星

張進德推薦 | 越南河粉又來了！除了 Vamos 愛吃，越南河粉也是大多數旅美球員的不二選擇，這間餐廳距離海盜春訓基地約 20 分鐘，離金鶯基地也很近，過去陳偉殷還在金鶯隊時，也常常光顧。

❹ Boston Lobster Feast

地址 | 8731 International Dr, Orlando, FL 32819

YELP | 4 星

羅嘉仁、蔣智賢推薦 | 這家店總是高朋滿座，通常需要排隊等候。除了龍蝦外，餐廳也提供許多海鮮，從鮮蝦、生蠔到螃蟹等。

❶ 邁阿密海灘

地址 | Ocean Drive, Miami Beach, FL 33139

陳偉殷推薦 | 著名的邁阿密海灘擁有美麗的沙灘與海水，適合帶著小孩來這裡散散步、玩玩沙，放鬆一下。

（圖）陳偉殷（中）帶著 Vamos 與家人一起到邁阿密海灘放鬆

❷ 迪士尼樂園

地址 | Walt Disney World Resort, Orlando, FL 32830

❶ Orlando vineland premium Outlets

地址 | 8200 Vineland Ave, Orlando, FL 32821

❷ The Mall at Millenia

地址 | 4200 Conroy Rd, Orlando, FL 32839

❸ Orlando International Premium Outlets

地址 | 4951 International Dr, Orlando, FL 32819

小撇步 1：想同時看到不同隊伍的台灣球員，熱身賽就可排兩隊對戰。如：紅襪作客馬林魚，就有機會同時看到林子偉跟陳偉殷。

小撇步 2：相距近的春訓基地盡量排在一起。

小撇步 3：上午看春訓，下午看熱身賽，觀光行程可以排在晚上。

實用須知

賽程與購票

美國職棒官網

美國職棒春訓官網

旅美幫粉絲團
台灣球員相關消息

仙人掌聯盟

葡萄柚聯盟

實用 App

美食：YELP

導航：WAZE

春訓：MLB.com At Bat

機票、飯店、租車：Priceline、Expedia、Hotels.com、Airbnb、Rentalcars.com

旅遊紀錄：Fog of the world、Polarsteps

租借網路

Wi-Go
行動上網

美國網路租借方式百百種，我們使用的是 Wi-Go 行動上網，因為在台灣就能取機的優點，讓我們一抵達美國後就有網路可以使用。不管是與家人報平安、查詢相關資訊，甚至將檔案極大的採訪影片傳回台灣，都相當便利迅速。

翊起運動前進 MLB 全紀錄

徐裴翊帶你直擊旅美球星、採訪幕後、春訓觀賽指南

作者｜ Vamos Sports 翊起運動、吳婷雯

執行長｜陳蕙慧

總編輯｜陳郁馨

責任編輯｜張瑜珊

行銷企劃｜吳孟儒

封面暨美術設計｜萬亞雰

社長｜郭重興

發行人兼出版總監｜曾大福

出版｜木馬文化事業股份有限公司

發行｜遠足文化事業股份有限公司

地址｜ 231 新北市新店區民權路 108-2 號 9 樓

電話｜（02）2218-1417　傳真｜（02）86671891

Email ｜ service@bookrep.com.tw

郵撥帳號｜ 19504465 遠足文化事業股份有限公司

客服專線｜ 0800221029

法律顧問｜華洋國際專利商標事務所 蘇文生律師

內頁排版｜中原造像股份有限公司

印刷｜中原造像股份有限公司

木馬臉書粉絲團｜ http://www.facebook.com/ecusbook

木馬部落格｜ http://blog.roodo.com/ecus2005

初版｜ 2018 年 2 月

初版二刷｜ 2018 年 2 月

定價｜ 400 元

ISBN ｜ 978-986-359-486-4